THE

LIFE

OF

SHEIKH MOHAMMED ALI HAZIN

THE LIFE OF SHEIKH MOHAMMED ALI HAZIN

MOHAMMED ALI HAZIN,
F. C. BELFOUR

GYAN

Published by

Gyan Publishing House
5, Ansari Road
Daryaganj, New Delhi-110002
Phone: 011-47034999, 9811692060
E-mail: books@gyanbooks.com

Distribution Network
gyanbooks.com
India, USA, Canada, UK, Australia

ISBN: 978-93-6433-721-2 (PB)

First Published, 1831

2nd Impression 2025

Printed at: Gyan Press, Delhi.

THE LIFE OF SHEIKH MOHAMMED ALI HAZIN
Author: MOHAMMED ALI HAZIN, F. C. BELFOUR

Oriental Translation Fund,

INSTITUTED 1828.

UNDER THE PATRONAGE OF

HIS MOST GRACIOUS MAJESTY

GEORGE THE FOURTH.

THIS COPY WAS PRINTED FOR

THE RIGHT HONOURABLE THE

EARL OF CHARLEVILLE,

A SUBSCRIBER

TO THE

Oriental Translation Fund.

THE LIFE OF SHEIKH MOHAMMED ALI HAZIN,

WRITTEN BY HIMSELF:

EDITED FROM TWO PERSIAN MANUSCRIPTS,

AND NOTED WITH THEIR

VARIOUS READINGS.

BY

F. C. BELFOUR, M.A. OXON. F.R.A.S. LL.D.

LONDON:

PRINTED FOR THE ORIENTAL TRANSLATION FUND:

SOLD BY J. MURRAY, ALBEMARLE STREET; PARBURY, ALLEN, & CO.,
LEADENHALL STREET; THACKER & CO., CALCUTTA;
TREUTTEL & WÜRTZ, PARIS; AND
E. FLEISCHER, LEIPSIC.

1831.

DEDICATION.

TO HIS MAJESTY

KING WILLIAM THE FOURTH.

Sir,

In promotion of the more accurate knowledge of a language which is generally used as the medium of official communication over the vast extent of Your Majesty's Asiatic dominions, this is the first work in the class of History, which has been regularly edited in Persian print.

The learned author expresses his sincere admiration of the wise and paternal government of Your Majesty's ancestors, and his ardent desire for the blessing of its extension to the remotest regions of the earth.

In the hope, therefore, that it will appear in some degree worthy of the gracious patronage with which Your Majesty has condescended to honour it, I beg to lay the expression of my gratitude for this distinguished favour at the feet of Your Royal Majesty, humbly subscribing myself,

Your Majesty's

Most faithful Subject,

And most dutiful Servant,

FRANCIS CUNNINGHAM BELFOUR.

London, Feb. 9th, 1831.

ADVERTISEMENT.

Many double words, such as آنشهر یکسال &c. perpetually so coupled in the Persian manuscripts, have not been divided in the print, as in a reprint they may easily be, for fear of embarrassing the workman with too frequent and unimportant corrections. For the same reason, the accentual marks have not been constantly repeated as the syllables requiring them have occurred, but are only occasionally marked, as a rule for supplying them in other places.

ORIENTAL TRANSLATION FUND.

Patron,

His Most Excellent Majesty
KING WILLIAM THE FOURTH.

Vice-Patrons,

His Royal Highness the DUKE of SUSSEX.
His Royal Highness the DUKE of CAMBRIDGE.
His Royal Highness the DUKE of GLOUCESTER, Chancellor of the University of Cambridge.
His Royal Highness PRINCE LEOPOLD of SAXE COBURG.
His Grace the LORD ARCHBISHOP of CANTERBURY.
His Grace the DUKE of WELLINGTON.
The Most Noble the MARQUESS of LANSDOWNE.
The Right Honourable the EARL SPENCER.
The Right Honourable the EARL AMHERST, late Governor-General of India.
The Right Honourable LORD W. H. C. BENTINCK, G. C. B., Governor-General of India.
The Right Honourable LORD VISCOUNT MELVILLE.
The Right Honourable LORD VISCOUNT GODERICH.
The Right Honourable LORD GRENVILLE, Chancellor of the University of Oxford.
The Right Honourable LORD ELLENBOROUGH.
The Right Honourable C. W. WILLIAMS WYNN, M.P., President of the Royal Asiatic Society of Great Britain and Ireland.
The Right Honourable SIR ROBERT PEEL, Bart., M.P.
The Right Honourable S. R. LUSHINGTON, Governor of Madras.
Lieutenant-General SIR E. BARNES, K.C.B., Governor of Ceylon.
Major-General SIR JOHN MALCOLM, G.C.B., Governor of Bombay.
H. T. COLEBROOKE, Esq. Director of the Royal Asiatic Society of Great Britain and Ireland.

Officers.

Chairman:

The Right Honourable Sir Gore Ouseley, Bart., Vice-President R.A.S.

Deputy-Chairmen:

The Right Honourable C. W. W. Wynn, M.P., President R.A.S.
Sir G. T. Staunton, Bart., M.P. Vice-President R.A.S.
Sir E. H. East, Bart., M.P.
Sir A. Johnston, Vice-President R.A.S.
Col. Mark Wilks.
Col. Fitz-Clarence, Vice-President R.A.S.

Auditor, J. B. S. Morritt, Esq.
Treasurer, Col. Fitz-Clarence, Hon. M.A.S. Cal.
Secretary, Mr. William Huttmann.

REGULATIONS

FOR

THE ORIENTAL TRANSLATION COMMITTEE.

1st. The Committee which is attached to the Royal Asiatic Society, for the purpose of selecting and superintending the translation and printing of Oriental works, is called the "Oriental Translation Committee."

2nd. The object of the Committee is to publish, free of expense to the authors, translations of the whole or parts of works in the Oriental languages, accompanied occasionally by the original texts, and such illustrations as may be considered necessary. These translations are to be generally printed in English, but in peculiar cases may be printed in Latin or French.

3rd. The Committee is empowered to add to its number, to purchase Oriental MSS. or printed books, to present copies of the works printed at the expense of the Oriental Translation Fund to Learned Societies and individuals, and to adopt all the means that it may consider to be necessary for promoting the objects for which it was appointed. No payment, however, exceeding twenty-five pounds, is to be made until approved at two successive Meetings of the Committee.

4th. The Meetings of the Committee are held as often as the Chairman or Secretary, or any two other Members of it, signing a requisition for that purpose, deem it necessary. All the Members of the Committee, resident within one hundred miles of London, are to be summoned to attend each of its Meetings; and five Members, including the Chairman or a Deputy Chairman, and the Secretary, are to constitute a quorum.

5th. The Secretary is charged generally with the business of the Committee, and is to record all the votes of the Committee in a Minute-Book, which every Subscriber has the right of inspecting on application to him.

6th. For the purpose of directing the attention of scholars to the literature of the East, and encouraging translations, the Committee is empowered to give annually, for such of the Manuscript translations that may be presented to it as it may consider deserving of distinction, four rewards in money, in sums not exceeding £100 each, and four gold medals of the value of twenty guineas each, inscribed with the names of the individuals to whom, and the titles of the translations for which, they are presented. The Committee is also empowered to give a sum of from £20 to £100 to any person who shall point out the Translation, in any Oriental language, of a lost Greek or Latin work, which shall be so circumstanced that the Committee may be able to obtain it for translation into English. Any Member of the Committee who sends a translation for approval, whether to obtain a reward or medal, or merely to have it printed at the expense of the Oriental Translation Fund, is to cease to act on the Committee until the adoption or rejection of his work is decided on.

7th. No work, although prepared for the press at the expense of the Oriental Translation Fund, is to be printed, until the imprimatur of the Chairman or a Deputy Chairman, and at least eight Members of the Committee, is obtained. The Translators of such works as are printed by the Committee, are entitled to twenty-five copies of their Translations for presentation.

8th. Every individual or institution subscribing ten guineas or upwards annually to the Oriental Translation Fund, is entitled to one fine paper copy of every work printed by the Committee, with the name of the individual or institution subscribing printed on an ornamental title-page. Individuals or institutions subscribing five guineas annually, are entitled to common paper copies of any of the works published by the Committee, to the amount of their subscriptions, at half the price paid for them by Non-subscribers.

9th. A General Meeting, to which every Subscriber and Member of the Committee resident in the United Kingdom shall be summoned, is held annually some time in the month of June. At that meeting Regulations may be proposed or rescinded; the Auditor reports the receipts and disbursements of the past year; and the Secretary reports the progress made in the works that have been commenced, and gives an account of those that are proposed for publication in the following year. A copy of each of these Reports will be sent to every Subscriber.—A Special General Meeting shall be convened by the Secretary at any time it is required in writing by nine Subscribers, the requisition stating the subject that is to be proposed for consideration.

LIST OF WORKS

PRINTED FOR

THE ORIENTAL TRANSLATION FUND.

AND SOLD BY

Mr. MURRAY, and Messrs. PARBURY, ALLEN, & Co., London; Messrs. THACKER and Co., Calcutta; Messrs. TREUTTEL and WÜRTZ, Paris; and Mr. ERNEST FLEISCHER, Leipsig.

1.

THE TRAVELS OF IBN BATUTA,

Translated from the abridged Arabic Manuscript Copies preserved in the Public Library of Cambridge, with NOTES illustrative of the History, Geography, Botany, Antiquities, &c. occurring throughout the Work.

By the Rev. S. LEE, B. D., Professor of Arabic and Hebrew in the University of Cambridge, &c. &c.

In Demy Quarto; price £1.

2.

MEMOIRS OF THE EMPEROR JAHANGUEIR,

Written by Himself, and translated from a Persian Manuscript,

By MAJOR DAVID PRICE, of the Bombay Army, &c. &c.

In Demy Quarto; 12*s*.

3.

THE TRAVELS OF MACARIUS, PATRIARCH OF ANTIOCH,

Written by his attendant Archdeacon, Paul of Aleppo, in Arabic.

Part the First. Anatolia, Romelia, and Moldavia.

Translated by F. C. BELFOUR, A.M. Oxon. &c. &c.

In Demy Quarto; 10*s*.

4.

HAN KOONG TSEW, or, THE SORROWS OF HAN,

A Chinese Tragedy, translated from the Original, with Notes, and a Specimen of the Chinese Text.

By JOHN FRANCIS DAVIS, F.R.S., &c.

In Demy Quarto; 5*s*.

5.

HISTORY OF THE AFGHANS,

Translated from the Persian of Neamet Ullah. Part I.

By BERNHARD DORN, Ph. D., &c.

In Demy Quarto; 14s.

6.

THE FORTUNATE UNION,

A Romance, translated from the Chinese Original, with Notes and Illustrations; to which is added, a Chinese Tragedy.

By JOHN FRANCIS DAVIS, F.R.S., &c.

Two Vols. Demy 8vo.; 16s.

7.

YAKKUN NATTANNAWA,

A Cingalese Poem, descriptive of the Ceylon System of Demonology; to which is appended, the Practices of a Capua or Devil Priest, as described by a Budhist: and KOLAN NATTANNAWA, a Cingalese Poem, descriptive of the Characters assumed by Natives of Ceylon in a Masquerade.

Illustrated with Plates from Cingalese Designs.

Translated by JOHN CALLAWAY, late Missionary in Ceylon.

In Demy Octavo; 8s.

8.

THE ADVENTURES OF HATIM TAÏ,

A Romance, translated from the Persian,

By DUNCAN FORBES, A. M.

In Demy Quarto; 16s.

9.

THE LIFE OF SHEIKH MOHAMMED ALI HAZIN,

Written by Himself; translated from two Persian Manuscripts, and illustrated with Notes explanatory of the History, Poetry, Geography, &c. which therein occur.

By F. C. BELFOUR, M.A. Oxon. &c. &c.

In Demy Octavo; 10s. 6d.

10.

MEMOIRS OF A MALAYAN FAMILY,

Written by Themselves; and translated from the original,
By W. MARSDEN, F.R.S. &c. &c.
In Demy Octavo; *2s. 6d.*

11.

HISTORY OF THE WAR IN BOSNIA,

During the Years 1737-8 and 9.
Translated from the Turkish by C. FRASER, Professor of German in the Naval and Military Academy, Edinburgh.
In Demy Octavo; *4s.*

12.

THE MULFŪZAT TIMŪRY; or, AUTOBIOGRAPHICAL MEMOIRS OF THE MOGHUL EMPEROR TIMŪR,

Written in the Jagtay Tūrky language, turned into Persian by Abu Talib Hussyny, and translated into English.
By MAJOR CHARLES STEWART, late Professor of Oriental Languages in the Honourable East-India Company's College.
With a Map of Transoxania. In Demy Quarto; *12s.*

13.

THE HISTORY OF VARTAN AND OF THE BATTLE OF THE ARMENIANS,

Containing an Account of the Religious Wars between the Persians and Armenians; by Elisæus Bishop of the Amadunians,
Translated from the Armenian, by C. F. NEUMANN,
Member of the Armenian Academy of the Mechitaristes at St. Lazaro, &c. &c.
In Demy Quarto; *10s.*

N.B. The Large Paper copies of these Works are printed exclusively for the Subscribers to the Oriental Translation Fund.

LIST OF WORKS IN THE PRESS.

The Travels of Evlia Effendi; translated by Mons. de Hammer.

This work contains an account, in Turkish, of the travels of Evlia in all parts of the Turkish empire, and in Turkestan, &c. in the middle of the seventeenth century.

Nipon u dai itsi ran; translated by Monsieur Jules de Klaproth.

This Japanese work contains the History of the Dairis or Ecclesiastical Emperors of Japan from the year 660 Ante Christum.

The Tuhfat al Kebar of Kateb Chelebi al Marhoom; translated by James Mitchell, Esq.

This Turkish History contains a detailed account of the maritime wars of the Turks in the Mediterranean and Black Seas, and on the Danube, &c. from the foundation of their empire in Europe to the commencement of 1640.

A History of Morocco; translated by Walter Price, Esq.

This Arabic work contains a history of the establishment of the Mahommedan power in the Barbary States and Spain, between the 8th and 14th centuries.

The Mukhtasar fi hisāb el-jebr wa'l mokābeleh, by Mohammed ben Musa of Khovaresm; translated by Dr. F. A. Rosen.

This is the earliest system of Algebra extant in Arabic; and will be accompanied by the original text.

The Raghu Vansa; translated by Dr. Stenzler.

This is a highly celebrated Epic Poem by Kalidasa. It will be accompanied by the Sanscrit text.

Miscellaneous Translations. Volume the First.

This volume will contain Mr. W. B. Hodgson's translation of a Journey into the Interior of Northern Africa, Dr. B. G. Babington's translation of a Tamul collection of Tales, &c. &c.

LIST OF TRANSLATIONS PREPARING FOR PUBLICATION.

Class 1st.—Theology, Ethics, and Metaphysics.

The Sepher Jasher; translated by the Rev. W. Adam.

This work, although of doubtful authenticity, is very interesting as furnishing many elucidations of Sacred History from the Creation to the time of the Judges. It is written in very pure and beautiful Hebrew, and is highly valued by the Jews in Poland, &c.

The Sánc'hya Cáricá; translated by Henry Thomas Colebrooke, Esq.

This Sanscrit work contains in seventy-two stanzas, the principles of the Sánc'hya System of Metaphysical Philosophy.

The Akhlak-e-Naseri of Naser-ud-Din of Tus in Bucharia; translated by the Rev. H. G. Keene, A.M.

This Persian system of Ethics is an elaborate composition formed on Greek models, and is very highly esteemed in Persia.

A Collation of the Syriac MSS. of the New Testament, both Nestorian and Jacobite, that are accessible in England, by the Rev. Professor Lee.

This collation will include the various readings of the Syriac MSS. of the New Testament in the British Museum, and the Libraries at Oxford, Cambridge, &c.

The Didascalia, or Apostolical Constitutions of the Abyssinian Church; translated by T. P. Platt, Esq. A.M.

This ancient Ethiopic work is unknown in Europe, and contains many very curious opinions.

Class 2nd.—History, Geography, and Travels.

The Travels of Macarius, Patriarch of Antioch; written by his attendant Archdeacon Paul of Aleppo; translated by F. C. Belfour, Esq., LL.D. Part II.

This Arabic Manuscript, which is of great rarity, describes the Patriarch's journey through Syria, Anatolia, Rumelia, Walachia, Moldavia, and Russia, between the years 1653 and 1660 of the Christian Æra.

The Seir Mutakherin of Seyyid Gholâm Husein Khan; translated by Lieut. Col. John Briggs.

This celebrated Persian work comprises the annals of Hindûstân from the time of the Emperor Aurungzebe to the administration of Warren Hastings in Bengal.

Sheref Nameh; translated by Professor Charmoy.

This is a Persian History of the Dynasties which have governed in Kurdistan, written by Sheref Ibn Shems ud Din, at the close of the sixteenth century.

The History of Mazenderan and Tabaristan; translated by Professor Charmoy.

This is a Persian History of part of the Persian empire, written by Zaher ud Din, and comes down to A.D. 1475.

The Tareki Afghan; translated by Dr. Bernhard Dorn. Part II.

This is a Persian History of the Afghans, who claim to be descended from the Jews. It will be accompanied by an account of the Afghan tribes.

The Annals of Elias, Metropolitan of Nisibis; translated by the Rev. Josiah Forshall, A.M.

This Syriac Chronicle contains chronological tables of the principal dynasties of the world, brief memoirs of the Patriarchs of the Nestorian church, and notices of the most remarkable events in the East, from the birth of our Saviour to the beginning of the eleventh century.

Ibn Haukul's Geography; translated by Professor Hamaker.

This Arabic work was compiled in the 10th century by a celebrated Mohammedan Traveller, and is not the same as the Oriental Geography of Ebn Haukal that was translated by Sir William Ouseley.

Naima's Annals; translated by the Rev. Dr. Henderson.

This Turkish History comprises the period between 1622 and 1692, and includes accounts of the Turkish invasion of Germany, the sieges of Buda, Vienna, &c.

The Tung hwa loo; translated by Mr. William Huttmann.

This is a Chinese History of the first three Emperors of the Tartar dynasty, that now governs China. It is very scarce through not being allowed to be printed in China.

The Chronicle of Abulfath Ibn Abulhasan Alsamou; translated by the Rev. T. Jarrett, A.M.

This rare Arabic work, of which only one perfect copy is known to be in Europe, is a History of the Samaritans from the creation to the middle of the 14th century.

The Asseba as Syar of Syed Mohammed Reza; translated by Mirza Alexander Kazem Beg.

This is a Turkish History of the Khans of the Crimea, written about A.D. 1740, and contains many interesting particulars relating to Turkey, Russia, Poland, and Germany.

A Description of Tibet; translated by Monsieur Jules de Klaproth.

This will consist of extracts from various Chinese and Mandchu works, forming a complete account of Tibet, and of the Buddhic religion, of which it is the principal seat.

The San kokf tsu ran; translated by Monsieur Jules de Klaproth.

This Japanese work is a description of Loo-Choo Corea and Jesso, with Maps and Plates: it was written in 1785.

Ibn Khaldun's History of the Berbers; translated by the Rev. Professor Lee.

This is a rare and valuable Arabic work, containing an account of the origin, progress, and decline of the dynasties which governed the northern coast of Africa.

Ibn Koteiba's History of the Arabians; translated by Dr. J. H. Möller.

This celebrated work contains the History of the Arabians from the time of Ishmael the son of Abraham to near the end of the third century of the Mahommedan, or the 9th of the Christian era.

The great Geographical Work of Idrisi; translated by the Rev. G. C. Renouard, B.D.

This Arabic work was written A.D. 1153, to illustrate a large silver globe made for Roger, King of Sicily, and is divided into the seven climates described by the Greek geographers.

Makrisi's Khîtat, or History and Statistics of Egypt; translated by Abraham Salamé, Esq.

This Arabic work includes accounts of the conquest of Egypt by the Caliphs, A.D. 640; and of the cities, rivers, ancient and modern inhabitants of Egypt, &c.

Part of Mirkhond's Ruzet-as-Suffa; translated by David Shea, Esq.

The part of this Persian work selected for publication is that which contains the History of Persia from Kaiomurs to the death of Alexander the Great.

Class 3rd.—Bibliography, Belles-Lettres, and Biography.

The San kwo che; translated by J. F. Davis, Esq.

This very popular historical romance is founded on the civil wars that raged in China in the third century, and is reckoned quite a model of Chinese style.

Haji Khalfa's Bibliographical Dictionary; translated by Monsieur Gustave Fluegel.

This valuable Arabic work was written by the celebrated Kateb Chelebi al Marhoom, and contains accounts of above 13,000 Arabic, Persian, and Turkish works, arranged alphabetically.

Heft Peiker, an historical Romance of Behrám Gúr; translated by the Right Hon. Sir Gore Ouseley, Bart.

This Persian Poem of Nizami of Ganjah, contains the romantic history of Behrám, the Vth of the Sassanian dynasty of Persian kings.

Meher va Mushteri; translated by the Right Hon. Sir Gore Ouseley, Bart.

This Persian Poem, of which an abridgment will be published, was composed by Muhammed Assár, and celebrates the friendship and adventures of Meher and Mushteri, the sons of King Shapur and his Grand Vizier.

Ibn Khalikan's Lives of Illustrious Men; translated by Dr. F. A. Rosen.

This is an Arabic Biographical Dictionary, arranged alphabetically, of the most celebrated Arabian historians, poets, warriors, &c. who lived in the seven first centuries of the era of Mahommed, A.D. 600 to A.D. 1300.

The Bustan of Sadi; translated by James Ross, Esq., A.M.

This is a much-admired Persian Poem, consisting of Tales, &c. illustrative of moral duties.

Royal Asiatic Society's House,
14, *Grafton Street, Bond Street, London.*

PRINTED BY A. J. VALPY,
RED LION COURT, FLEET STREET.

تاریخ احوال بتذکرهٔ حال

مولانای

شیخ محمّد علي حزین

که خود نوشته است

رباعي

عزلتي در دام بال و پر شکن میخواستم
نیست عالم جاي پروازي که من میخواستم
بعد مرکم نیست تاب بار منّت از کسي
آتش تن را ز خاکستر کفن میخواستم

ایضًا

تا کي براي کریه جکر خون کند کسي
خرج پر و مداخل کم چون کند کسي
در زیر آسمان بود آسودکي محال
خودرا مکر ز دایره بیرون کند کسي

طُبع في دار السلطنة الانکلیسیّة

لندن

والسّنة ۱۸۳۱ المسیحیّة

تاریخ احوال شیخ حزین

که خود نوشته است

PREFACE.

بسم الله الرحمن الرحيم

۱ وبه نستعين

نحمده ونساله التقي ونعتصم بعروة الوثقي ونصلي علي سيدنا المصطفي وآله اعلام الهدي

لراقمه

یاراي زبان کو که ثناي تو ۲کنيم

توصيف کمال کبرياي تو کنيم

چيزي به بساط ما تهي دستان نيست

جاني که تو دادهٔ فداي تو کنيم

---

۱ For the second line of the Persian Sir William Ouseley's Ms. has

ربّ يسّر وتمّم بالخير

۲ In the 6th, 7th and 9th lines Sir W. O.'s Ms. has کنم

چون انسان را ۱بهين ثمره و كزين سرمايه در كاركاه آفرينش تحصيل عبرتست و از اينست كه كروهي از دانشمندان و قدر وقت شناسان بتدوين كتب تواريخ و تحرير احوال هر بد و نيك پرداخته برخي از روزكار خود را در آن كار بپايان برده اند و بالجمله ۲تصفّح سِيَر و اخبار را نسبت بطبقات انام علي اختلاف مراتبهم فوايد بيشمار است و چون اين سركشته عمر بآشفتكي تلف كرده بچشم ۳حقيقت ملاحظه احوال خود نمود سركذشت ايام كذشته را براي نكرندكان خالي از فايده عبرتي نديد و در نقل احوال ديكران بسا باشد كه ناقل را بنابر سببها تخليط و اشتباه افتد امّا در شرح احوال خويش مجال آن نيست خواست كه بذكر شمهٔ از حالات و واقعات خود كه درين عجاله بخاطر مانده پردازد و در آن رعايت ايجاز و اختصار نمايد تا طول مقال و آرايش ۴عبارت مورث ملال خرد پژوهان نكردد و دوستانرا يادكاري

---

۱ Keene's Ms. has بهين

۲ Sir W. O.'s Ms. has تصفيح

۳ Sir W. O.'s Ms. has عبرت

۴ Keene's Ms. has عبارات

و [۱]آيندكان را تذكاري باشد مامول از ناظران كرام آنكه بنظر شفقت و ترحم نكرند و بطلب مغفرت اين محروم كوي [۲]سعادت را معاونت فرمايند

رَبَّنَا آتِنَا مِنْ لَدُنْكَ رَحْمَةً وَهَيِّئْ لَنَا مِنْ أَمْرِنَا رَشَدًا

---

[۱] Sir W. O.'s Ms. has داندكان [۲] Keene's Ms. has سعادات

CHAP. I.

اجداد راقم

وانا المستمد بواهب المواهب محمّد المدعو بعليّ بن ابي طالب بن عبد الله بن علي بن عطاء الله بن اسمعيل بن اسحاق بن نور الدّين ۱محمّد بن شهاب الدّين ۲علي بن علي بن يعقوب بن عبد الواحد بن شمس الدّين محمد بن احمد بن محمد بن ۳جمال الدّين علي بن ۴شيخ الاجل قدوة العارفين تاج الدّين ابراهيم المعروف بزاهد الجيلاني قدس الله ارواحهم و ختم ۵لي بالحسني

از اجداد اين فقير شيخ شهاب الدّين علي بلدهٔ استارا كه موطن و مدفن شيخ است گذاشته بدار السلطنت لاهجان كه احسن بلاد گيلانست سكني ۶نمود

۱ In Keene's Ms. بن محمّد

۲ In Keene's بن علي

۳ Sir W. O.'s has جهاد

۴ Keene's Ms. has الشيخ

۵ Sir W. O.'s has not لي

۶ Keene's Ms. omits نمود

و از آن زمان باز لاهجان موطن اجداد گرديد و جد فقير شيخ ١علي بن عطاء الله از معارف علماء زمان خود بود خان احمد خان پادشاه كيلان نظر باستعدادي كه ٢داشته در تعظيم او مبالغه نمودي و بعض مراتب عليه را از ايشان ٣استفاده نموده در دار السّلطنت قزوين بصحبت شيخ جليل بهاء الدّين محمّد عاملي عليه الرّحمه رسيده موانست تمام با هم داشتند چنانكه در شرح حديث معراج كه از تحقيقات ٤عاليه ايشان است بتقريبي در فواتح آن ذكر صحبت خود با شيخ عليه الرحمه نموده و از مصنفات ايشانست شرح فارسي بر كليات قانون كه بالتماس خان احمد خان نوشته و رساله اثبات واجب كه مقدار دانش او از آن معلوم ٥تواند شد و رساله حلّ شبهة جذر اصم و اين هر دو نسخه بخط ايشان

---

١ Keene's Ms. has جمال الدين علي

٢ Sir W. O. after داشته has اند understood in Keene's.

٣ In Keene's استفاله

٤ Sir W. has عليّه

٥ Keene's Ms. has توان

در کتابخانه والد علامه طاب ثراه بنظر فقیر رسیده و حاشیه مبسوطه بر فصوص فارابي وغیرها تکمیل علوم در خدمت سید المحققین امیر فخر الدین ۱ سماکي استرابادي نموده و بگفتن شعر ۲رغبت داشته وحدت تخلّص ایشانست والحق سخنان عاشقانه اش در کیفیت و حسن بلاغت بي نظیر افتاده دیوان قریب بدو هزار بیت بنظر رسیده از آنجمله ۳است

غزل

خوبست محبت اثري داشته باشد
معشوق ز عاشق خبري داشته باشد
دل رفت بآتشکدهٔ عشق و نیامد
مي ۴آمد اگر بال و پري داشته باشد
مردیم ز بس ثابت و سیاره شمردیم
آیا شب هجران سحري داشته باشد

وله

دل‌را بطاق ابروي جانانه سوختیم

---

۱ Sir W. O. has سمّاکي ۲ Sir W. O. has رعیت
۳ Sir W. O. omits است ۴ Keene's Ms. has آید

قندیل کعبه‌را بصنم خانه سوختیم
وحدت چه حالتست که خوابت نمیبرد
ما خود نفس ز کفتن افسانه سوختیم

ولد ایشان منحصر بشیخ عبد الله بود کسب فنون [1] علم از والد خود نموده بتقوي و انقطاع از دنیا اتصاف داشته آنچه از وجه معاش و املاك موروثي حاصل آمدي بقلیلي قناعت نمودي و باقي‌را صرف دوستان و محتاجان کردي سه پسر از ایشان مخلّف شد شیخ عطاء الله و شیخ ابو طالب و شیخ ابراهیم شیخ عطاء الله که ولد اکبر بود در فقه و حدیث اعلم علماء آن دیار و در زهد و کثرت عبادت درجهٔ عالي داشت در سن کهولت در کذشت و اولاد از و نماند شیخ ابراهیم که [2] کمترین برادران بود از مستعدان روزکار و بعلو فطرت و ذکا اتصاف داشته مراتب متداوله علمیه‌را اکتساب نموده سر آمد [3] اقران کردید

---

[1] Sir W. O. has علوم

[2] Sir W. O. has کهترین

[3] Sir W. O. has افزون

و بهفت قلم بغایت نیکو نوشتي و خط استادان را
چنان تتبع کردي که تمیز در میانه دشوار شدي
مصحف مجید و صحیفه کامله مترجم باتمام رسانیده
جهة والد مرحوم باصفهان فرستاده بود هر دو را بفقیر
شفقت نموده بودند خوش نویسان مشهور اصفهان از
دیدن آن بهرها مي بردند و در ترسل و انشا مهارت
تمام داشت منشات ایشان در سفاین مستعدان مسطور
و مشهور است در شعر و معمّا سلیقه درست و احیاناً
۱ بگفتن میل نمودي اینچند بیت از ایشان است

ربـاعـي

بـاده خـون جگر ماست ز مـیـنـا مطلب
گوهر از چشم تـر مـاسـت ز دریـا مطلب
پي لیلي نتوان گشت چو مجنون در دشت
آنچـه در سینه تـوان یـافت بصحرا مطلب

---

۱ Sir W. O.'s adds شعر understood in Keene's.

۲ Sir W. O. has تنها which may be thought preferable.

ولـه رباعي

در گـلـشن دهـر محـرم راز نـبـود
در بـزم زمـانـه نـغـمـه پـرداز نـبـود
۲ پـنـهـان نـتـوان زمـزمـه پردازي کـرد
بـسـتـيـم زبـان کـسـي هم آواز نـبـود

فقير در ۱ اصغر سن که در خدمت والد بلاهجان رسيدم سعادت ملاقات آن عم عالي مقدار در يافتم حقاً که در محاسن صفات و حسن اخلاق و شگفتگي و مجلس آرائي تا امروز مثل او کمتر ديده ام ده سال پيش از والد علامه در لاهجان برحمت ايزدي پيوست يك پسر مسمي بشيخ مفيد و دو صبيه از ايشان مانده بود پسر هم پس از چندي در اول شباب در گذشت

---

۱ Sir W. O.'s has صغير and بخدمت and والا

CHAP. II.

مجمل احوال والد مرحوم من غرايب الاقتدار علي الكتابة من غرايب الصلاح والعبادة

امّا والد مرحوم در سن بيست سالكي بعد از تحصيل بسياري از مطالب عليه نزد مولاناي فاضل ملا حسن شيخ الاسلام كيلاني بشوق ادراك صحبت فضلائي عراق باصفهان آمده در مدرس استاد العلما آقا حسين خوانساري عليه الرحمه كه ماثر فضايل و مناقبش از غايت اشتهار بي نياز از اظهار است باستفاده مشغول شدند و فنون رياضيه را در خدمت بطلميوس زمان علّامي مولانا محمد رفيع كه برفيعاي يزدي مشهور است تكميل نموده چنان ¹استغراقي در مطالعه و مباحثه ²يافتند كه محصلين را ³كمتر ميسر آمده باشد و تا اواخر عمر بر همان منهاج بود جماعتي كثيره از اصحاب تحصيل ببركت تربيت ايشان بمراتب عاليه رسيدند

¹ Sir W. O.'s has استفراقي ² Sir W. O.'s has بافتند

³ Sir W. O.'s has كمترين

و در كتابخانه ايشان [۱] كه زياده از پنج هزار مجلد بود
هيچ كتاب علمي بنظر در [۲] نيامد كه از اوّل تا بآخر
بتصحيح ايشان در نيامده باشد و اكثر محشي بخط ايشان
بود و قريب بهفتاد مجلّد را كه از آنجمله تفسير بيضاوي
و قاموس اللغة و شرح لمعه و تمام تهذيب حديث و
امثال ذلك بود بقلم خود كتابت نموده بود ميفرمود كه
من مكرّر در شباروزي يكهزار بيت و زياده نوشته ام
خطي بغايت زيبا و واضح داشتند از ايشان شنيده ام
كه ميفرمودند والدم در حيات بود كه باصفهان آمدم
و باين سبب كه مبادا توطن اختيار كنم زياده بر قدر
مصارف ضروريه بجهة من نمي [۳] فرستادند و آنرا هم
در عرض سال بچند دفعه ميرسانيدند لهذا آنقدر كه
ميخواستم براي ابتياع كتاب زر مقدور نبود بسياريرا
خود مي نوشتم بعد از چنديكه والد رحلت كرد انديشه
[۴] معاودت بلاهجان از خاطر محو شد

بالجمله در اصفهان مكاني خريده بر عمارتش افزودند و
عازم سفر حجاز شده از راه شام بطواف بيت الله

---

۱ In Keene's omitted.

۲ In Keene's نيايد

۳ Sir W. O.'s has فرستاد

۴ Keene's has معاورت

الحرام مشرف شده ببغداد باز كشتند و چندي در مشاهد متبركه عراق بسر برده باز باصفهان مراجعت نمودند و از اهالي آنجا حاجي عنايت الله اصفهاني را كه از اتقيا و اخيار بود ۱با ايشان موانست پديد آمد و صبيه خود را بايشان تزويج نمود اولاد منحصر در چهار ۲پسر بود مولود نخستين اين بيمقدار است و سه برادر ديكر يكي در كودكي و ۳دو در عنفوان شباب در كذشتند

مجملاً اكر در محاسن صفات و اخلاق كامله و علو همت و فطرت و قوت ۴ايمان و كمال فضل و دانش آن علامه تحرير خوض رود سخن بدرازي كشد و بسا باشد كه حمل بر مبالغه و حسن اخلاص اين خاكسار كنند در هيچ فن از فنون علوم نبود كه مهارتش بكمال نباشد و با اين حال هركز مباهات بعلم چنانكه رسم علماست نداشتي و با ادني كسي از اهل تحصيل و فرومايه‌كان مصاحبانه سلوك كردي و با اينكه طول عمر بمباحثه و افاده كذراندي از جدل بغايت محترز بودي و اين شيوه را مكروه داشتي هيچ

---

۱ Sir W. O. has بايشان

۲ Omitted in Sir W. O.'s.

۳ Sir W. O. has دوم

۴ Keene's has انبا شد

يك از افاضل را بحسن تقرير و شكفته ۱ طبعي ايشان
نديده ام علو نفسش چنانكه در نظر همتش دنيارا قدر
كف خاكي نبود هركز همت بر تحصيل مال و جاه
دنيوي كه ادني تلميذ اورا باندك مسامحه بوجه
اكمل ميسر بود نكماشت و در طبع انديشه فزوني
و تن آساني نداشت بارها شنيده ام كه ۲ميفرمود
لقمه نان حلالي كه رازق عباد قسمت ساخته مارا
۳كافي است و داعي بر تحصيل دنيا اكر ۴پرورش
ديكران و ايثار بر خواهندكانست بي ذلت نفس مومنه
ميسر نيست و نزد من سر سخاوتها قطع نظر كردن
و واكذاشتن ۵آنچيزيست كه در دستهاي مردم است
۶با ايشان هركز مبادرت بآشنائي ارباب دول نكردي
و با جمعي از امرا و اكابر و اعيان كه ۷اخلاص داشتند
و نهايت آداب مرعي ميداشتند بزركانه سلوك نمودي
عبادت و ورعش بمثابه بود كه در عرض بيست

---

۱ Sir W. O.'s has طبيعي

۲ In Sir W. O.'s ميفرمودند

۳ In Sir W. O.'s كافيست

۴ Sir W. O. before پرورش has بر

۵ Sir W. O. آنچيز است

۶ Sir W. O. بايشان

۷ Sir W. O. اخلاصي

و پنج سال که با ایشان بسر برده ام هرکز فعلي که در شرع مکروه باشد از ایشان ندیده ام و بعد از نیم شب در هیچ ۱حال چه در صحت و چه در مرض اورا بر بستر استراحت نیافته ام شش هفت سال پیش از فوت عزلت و خلوت بر مزاجش غالب آمده ترك مباحثه و معاشرت نمود و اصلاً پیرامون انتظام امور معاش اهل خانه نمیکردید و این فقیررا در آن باب مختار ۲ساخته کاهي بمطالعه مشغول ۳میشد و بیشتر اوقات کریان بود و اکثر ۴لیالي را بعبادت احیا مي نمود سخن با کسي زیاده بر ضرورت نکفتي و سخن کفتن کسي را هم خوش نداشتي تا آنکه

در سال هزار و یکصد و بیست و هفت هجري در سن ۵شصت و نه سالکي امراض شدت کرد و ضعف مستولي شد صباحي که چاشتکاه آن رحلت کرد مرا طلبید و سفارش باز ماندکان و نیکوکاري ۶با ایشان نمود پس فرمود چنانکه مرا خوشنود داشتي خداي از

---

۱ Keene's has حالي
۲ Keene's has ساخته بود
۳ Sir W. O. شدي
۴ Keene's has لیابي
۵ Sir W. O. ششت
۶ Sir W. O. بایشان

تو خوشنود باد وصیت من بتو اینست که هرچند
اوضاع دنیارا بر وفق مرام نه بیني و زمانه ناسازکار
افتد باید که بمذلّت رضا ندهي و تبعیت دونباله
روي اختیار نکني چه عمر قلیل قابل آن نیست و در
اصفهان اکر تواني زیاده توقف مکن ۱که شاید از
ما کسي باقي ماند و این سخن را فقیر در نیافتم
تا بعد از چند سال که فتنه و خرابي اصفهان پدید
آمد پس فرمود در لیالي و ایام متبرکه بهرچه دست
دهد و میسر آید مارا فراموش مکن بعد از ساعتي
چند بعالم بقا ارتحال ۲فرمودند مدفن ایشان در مقابر
مشهوره بمزار بابا رکن الدین در جنب تربت عارف
ربّاني مولانا حسن دانشمند کیلانیست افاض الله
تعالي علیه ۳شأبیب الرحمه والغفران واسکنه في
فرادیس الجنان چند بیت از مرثیهٔ که در فوت
آن عالیمقام بقلم آمده بود ثبت افتاد

غزل

سپهر از مرکت اي صاف حقیقت بي صفا کشته

---

۱ Sir W. O. شاید که ۲ Sir W. O. فرمود

۳ In Sir W. O.'s شاءبیب in Keene's شابیب

نمي ماند بسر كيفيتي ميناي خالي را
كشيدي تا ز من دست نوازش اي چمن پيرا
مثل چون بيد مجنون كشته ام آشفته حالي را
تو در پيرانه سر رفتي و من هم در غمت پيرم
بحسرت ميكنم هر لحظه ياد [1]خرد سالي را
نهان اي عرش رفعت تا [2]نديدم در دل خاكت
ندانستم كه پوشد خاك سافل كوه عالي را
گسستي تا ز هم شيرازهٔ تاليف جسماني
مثالي نيست در عالم هويدا بيمثالي را
بدل آه رسائي دارم از مجموعهٔ [3]آتش
ز خاطر برده ام يكباره مصرعهاي خالي را

---

۱ Sir W. O. has خورد   ۲ Sir W. O. بديدم

۳ Sir W. O. has دانش

CHAP. III.

ولادت راقم من غرايب الحفظ رغبت بانشا و
شعر حادثهٔ جسماني ذكر برخي از اسانيد اعلام

امّا مجمل احوال اين بيمقدار ولادت در روز دو شنبه بيست و هفتم شهر [1]ربيع الآخر بسال هزار و يكصد و سه هجريه در دار السلطنت اصفهان اتفاق افتاده و هنوز چيزي از احوال ايام رضاع بياد مانده چون چهار سال از عمر بر آمد والد مرحوم اشارت بتعليم نمود در آن اوان مولاناي اعظم ملا شاه محمد شيرازي عليه الرحمه كه [2]از اعلام روزكار بود وارد اصفهان [3]و روزيكه در منزل والد علامه مهمان بود فقيررا بخدمت ايشان براي شروع [4]تعليم از روي تيمن حاضر

۱ Sir W. O. has حيدي الاخره intended I suppose for جمادي &c.

۲ Keene's has آنرا علام

۳ Instead of و Sir W. O. has بود understood in Keene's.

۴ Keene آرزوي تعلم Sir W. O. تعليم از روزي

نمودند مولانای مزبور بعد از بسمله این ایات را سه نوبت تلقین فرمود

رَبِّ اشْرَحْ لِي صَدْرِي وَيَسِّرْ لِي أَمْرِي وَاحْلُلْ عُقْدَةً مِنْ لِسَانِي يَفْقَهُوا قَوْلِي

و فاتحه خوانده نوازش فرمود در دو سال سواد خوانی و خطی میسر [۱]آمده و شوقی مفرط بتحصیل حاصل شده هیچ شغلی نزد من مرغوب تر از خواندن و نوشتن نبود کتب فارسی بسیار از نظم و نثر خواندم برسایل صرف و نحو و فقه مشغول ساختند و بزودی فرا کرفتم رساله چند از منطق تعلیم کردند مرا بآن فن زیاده شوق و شغف پدید آمد و درست اخذ کردم استادی که داشتم از ذکا و شوق من تعجب مینمود و تحسین میفرمود و شوق افزونی میکرفت [۲]چون طبیعت موزون بود از شعر لذتی عظیم می یافتم و بکفتن میل [۳]می شد و مدتی مخفی بود چون استاد

---

۱ Keene's has شد—آمد

۲ Sir W. O. has چون رغبت بانشا و شعر ۳ Omitted in Keene's.

مطلع شد مرا از آن منع نمودي و والد مرحوم نيز
مبالغه در ترك آن داشتي و مرا صرف طبيعت
يكبارە از آن ممكن نبود چيزي كه وارد خاطر مي
شد مينوشتم و پنهان ميداشتم

در سن هشت سالگي والد مرحوم اشارت بتجويد
قرات قرآن نمود در خدمت مولانا ملك حسين قاري
اصفهاني كه از صلحاي زمان ١و در آن فن ٢ممتاز اقران
بود ٣دو سال قرات نمودە چند رساله در آن علم
خواندم و از آن فراغ حاصل آمدە حسن قرات من
مرغوب اسماع شد پس والد علامه از فرط اشفاقي كه
داشت خود بتعليم من پرداخت شرح جامي بر كافيه
و شرح نظام بر شافيه و تهذيب و شرح ايساغوجي
و شرح شمسيه و شرح مطالع در منطق و شرح هدايه
و حكمة العين با حواشي و مختصر تلخيص و تمام مطول
و ٤مغني اللبيب و جعفريه و مختصر نافع و ارشاد
و شرايع الاحكام در فقه و من لا يحضرە الفقيه در

---

١ Keene's omits the و ٢ Sir W. O.'s has ممتاز از

٣ Sir W. O.'s has تا دو سال and استماع ٤ Keene's has معني

حدیث و [۱]معالم اصول و چند نسخه دیکر در خدمت ایشان خوانده ام و هم در صغر سن والد مرحوم مرا بخدمت عارف حقایق و معارف قدوه مشایخ کرام شیخ خلیل الله طالقانی قدس الله روحه که در آن وقت از عزلت کزیدکان آندیار بود برده خواهش تربیت و ارشاد نمود قریب بسه سال بخدمت ایشان میرسیدم اکرچه کتابی بخصوص در خدمت او نخوانده ام لیکن هر روزه مطلبی و مسأله بر کاغذی بخط خود نوشته میدادند و آنرا تعلیم میفرمودند و مرا معلوم نبود که آن عبارت از چه کتابست و در اصلاح و تزکیه نفس [۲]ناقص چندان التفات و مبالغه مینمودند که زبان از بیان آن قاصر و دل از ادای شکر ایادی و حقوق آن عارف کامل عاجز است الحق اکر قصور استعداد من نبودی هرآینه برکات تربیت و انفاس آن بزرکوار بمقامی که بایست رسانیدی وی از اکابر مشایخ عارفین و جامع علوم ظاهر و باطن بود اکر خواهم که شمهٔ از حالات

---

۱ Sir W. O. has معامله ۲ For this Sir W. O. has شوم

۱ظاهر و کرامات و مقامات و مجاهدات و ضبط اوقات و طور معاش آن عالي مقام را شرح دهم کتابي شود بالجمله چون طبع ایشان موزون و احیاناً بگفتن شعر رغبت مي نمود و مطلع بمیل من بسخن بود از آن چندان منع و زجر نمیفرمود بلکه گاهي امر بخواندن چیزیکه گفته بودم میکردند و تخلص بلفظ حزین از زبان گهر بار ایشانست این رباعي از اشعار آن قدوهٔ کرام ثبت افتاد

رباعي

ایشوخ بیا در دل درویش نشین
کان نمکي بر جگر ریش نشین
در هجر تو دامنم گلستان شده است
یکدم بکنار کشتهٔ خویش نشین

و در همان اوان ایشان برحمت حق پیوستند پس از آن والد علامه سفارش تعلیم و تربیت فقیر بفاضل عارف شیخ بهاء الدین گیلاني که از تلامذه سیّد الحکماء میر قوام علیه الرحمه و از گوشه نشینان و جامع

---

۱ Omitted in Keene's.

فضايل صوري و معنوي بود نمود چندي در خدمت او تحصيل نموده قدري از كتاب احياء العلوم و رسايل ۱اسطرلاب و شرح چغميني خواندم و والد مرحوم مرا اشارت بمطالعه كتب اخلاق ميفرمود و جمعي از مبتديان اهل تحصيل هر روز حاضر شده قدري اوقات صرف مباحثه ايشان نموده آنچه را اخذ نموده بودم ۲با ايشان تكرار ميرفت و حق تعالي بركت و وسعتي در اوقات من كرامت فرموده ۳بود و با وجود اشغال كثيره فرصت تنكي نمي نمود و شوق مباحثه و مطالعه چنان مرا بيقرار داشت كه التفات بلذّات نداشتم ۴مكرّر در شبها از كثرت بيداري من والدين را ترحم آمده مرا نصيحت و التماس باستراحت ميكردند و سود نداشت و آنچه را بدرس نميخواندم بمطالعه اخذ نموده مواضع مشكله را از والد سوال ميكردم و آنقدار از كتب مختلفه و فنون متشتّه كه در اندك مدتي بمطالعهٔ من در آمد مكر قليلي از

---

۱ In Sir W. O.'s اصطرلاب ۲ In Sir W. O.'s بايسان ميكفتم

۳ Keene's has بوده ۴ Sir W. O. مكر

علماي ١متتبع را ميسر آمده باشد و با اينحال رغبتي موفوره بطاعات و عبادات بود و لذتي عجيب از آن ميبافتم و ليالي و ايام ٢جمعة و اوقات متبركه را مصروف باحيا و مواظبت باذكار و دعوات ماثوره مينمودم و بسياري از نوافل و سنن عمليه ضايع نميشد و دلرا طرفه رقت و صفائي و سينه را انشراحي بود و ذكر آن احوال چنانكه بود نتوانم كرد و آنچه كفتم از ٣مقوله ذِكْرُ ٤اَلنَّعِيمِ مِنْ بِضَايِعِ اَلْمَسَاكِينَ است افسوس افسوس چه دانستم كه كار باين درماندكي و دل مردكي و افسردكي كه اكنون كشيده خواهد كشيد و كام بلذت خود كرفته را بايد ٥با اينهمه تلخي و زهر جانكداز ناكامي ٦ساخت

وَبِتُّ بِلَيْلٍ سَاوَرَتْنِي غُسَيْلَةٌ
مِنَ اَلرَّقْشِ فِي أَنْيَابِهَا اَلسَّمُّ نَاقِعُ

---

١ Sir W. O. متبع and باينحال ٢ Omitted in Keene's.

٣ In Keene's معقوله ٤ Keene's has النّعم ٥ Sir W. O. باينهمه

٦ In Sir W. O.'s the verb بايد is placed immediately before ساخت

حسرت بي پايان و غم ١جانكراي اينست كه
درين يكدو نفسي كه باقي مانده باشد ديكر اميد بهبود
و اهتزاز ٢نفحه مقصود نيست

كو فصل بهاري كه ز مي كام بر آرم
چون شاخ كل از خرقهٔ خود جام بر آرم

صدق امير المومنين عليه السّلام حيث قال

إِحْذَروا ٣فِرَارَ ٱلنَّعِيمِ فَمَا كُلُّ شَارِدٍ بِمَرْدُودٍ

آسايش است آنچه بخاطر نميرسد
آن روزكار نيست كه اين آرزو ٤كنم

و هم در آن اوان از بركت ٥تقوي و ورعي كه
مرزوق شده بود مرا در مسايل ٦فروعيّه عمليّه كه مواضع

---

١ Sir W. O. جان كذا ٢ Sir W. O. نفچه

٣ Keene's has قرار النعم ٤ Keene's has كنيم

٥ Sir W. O. تقواي ٦ Keene has فرعيّه Sir W. O. قوعيه و عمليه

خلاف فقها بود اضطرابي و حیرتي رویداد و خاطر مطمین بفتاوي فقها و معمول بین الناس نمیشد و در آن باب خوض عظیم کردم و احادیث را اصل و ماخذ دانسته بسیاري از کتاب تهذیب الاحکام شیخ طوسي را در مدرس ۱مجهد الزمان آقا هادي خلف مولانا محمد صالح مازندراني علیه الرحمه استفاده نمودم و نظر در رجال حدیث و ۲استادان کردم و رجوع بکتب ۳استدلالیه فقها و تشخیص طرق استنباط ایشان نمودم و بر کتب فروعیهٔ حدیث کذشتم و در آن باب ۴جهد موفور کردم تا آنکه در مسایلي که مرا محتاج الیه و معمول به بود بقدر وسع اطمیناني حاصل آمد و از تقلید محض خاصه با تخالف آراء و عدم عصمت احدي از مفتیان که مدحض اقدام است و موقف حیرت في الجمله رهائي حاصل آمد و در آن اوان بعد از نیم شب که والد مرحوم بر ۵میخاستند پیش از آنکه بنوافل مشغول شود تفسیر

---

۱ Keene has مجهتد ۲ Keene has اسناد ۳ Keene has استدلاله

۴ Keene has جدّ ۵ Sir W. O. and Keene میخواستند

صافي را که از مصنفات فاضل مبرور مولانا محمد محسن کاشانیست نزد ایشان قرات کرده باتمام رسانیدم و با کثرت مشاغل تحصیل و وظایف مرا شوقي ۱موفور بصحبت مستعدان و موزونان بود و با جماعتي از ۲آن طایفه مختلط بودم روزي در منزل والد علامه مجمعي از مستعدان ۳متعقد بود مرا هم در آن مجلس طلبیدند و از هر جا سخنان در میان بود یکي از حاضران این بیت ملا محتشم کاشي را بر خواند

ای قامت بلند قدان در کمند تو
رعنائي آفریدهٔ قد بلند تو

و بعضي از حضار تحسین بلیغ ۴نموده والد مرحوم فرمود که دیوان ۵ملا محتشم بنظر من در آمده ۶شاعري

---

۱ Sir W. O. موفوره ۲ Keene's has ین ۳ Sir W. O. منعقد

۴ Keene has فرموده ۵ Omitted in Keene's.

۶ Sir W. O. شاعراي Keene شاعري آیان

بآن و استاد است امّا کلامش بي نمك است و آنمقدار از حلاوت که تدارك بي نمکي کند ندارد با آنکه نمك در سخن شايد که کلوسوزتر باشد از حلاوت چنانکه از همين مطلع بلند او اينمعني مستنبط تواند شد ديکر تنها مصرع اخير درست افتادۀ مصرع اوّل بطبع مانوس نميشود چه قامت را در کمند افتادۀ کفتن با سليقه راست نيست اکر لفظ قامت نبودي و کفتي ۱اي که بلند قدان در کمند تو اند اين کلام پسنديدۀ بودي حاضران تصديق نمودند پس متوجه من شدۀ فرمود ميدانم که از ۲شاعري هنوز باز ۳نيامدۀ اکر تواني درين غزل بيتي کفت بکو همان لحظه مرا مطلعي بخاطر رسيد و چون نظر ايشان باز بمن افتاد دريافتند که چيزي ۴بخاطرم رسيدۀ فرمود که اکر کفتي بخوان و حجاب مکن اين مطلع بر خواندم

---

۱ Keene has که اي

۲ Sir W. O. شاعرئي

۳ Sir W. O. نهاندۀ

۴ Sir W. O. بخاطر

صید از حرم کشد خم جعد بلند تو
فریاد از تطاول مشکین کمند تو

حاضران از جا در آمدند و آفرینها گفتند تا ایشان در تحسین بودند مرا بیت دیگر بخاطر [۱] رسیده بر خواندم

شد رشك طور از آمدنت کوي عاشقان
بنشین که باد [۲] خردهٔ جانها سپند تو

درین مرتبه والد علامه نیز [۳] از جا در آمد و تحسین کرده فرمود که آنچه میگفتم در شعر ملا محتشم نیست درین هست بیت دیگر بر خواندم

مشکل شده است کار دل از عشق و خوشدلم
شاید رسد بخاطر مشکل پسند تو

---

۱ Sir W. O. رسید و   ۲ Sir W. O. خوردهٔ جانان

۳ Keene omits از جا در امد و

و همچنين باندك تأملي بيت ديكر ۱ميكفتم تا غزل تمام خواندم حضار كـفـتـند كه ايـن طرز شعر بديهه كـفـتـن امروز ۲مقدور نيست و والد فرمود كه الحال ترا اجازت شعر كفتن دادم امّا نه آن مقدار كه وقت ضايع كني و قلمدانيكه در سركار خود داشت براي نوشتن اين غزل مرا انعام ۳فرمود

در همان اوان مرا حادثهٔ سخت ۴رسيده فترتي در احوال پديد آمد جوش بهار و ۵خرمي روزكار بود با جمعي ياران خود بصحرا رفتم و اسپ تاختم اسپ در دويدن بيفتاد و استخوان دست راست من ۶كوفته شد و تا يكسال باصلاح نيامد استادان ماهر معالجها ميكردند و رنجي صعب كشيدم و پس از چندي كه وجع تسكين يافته بود همچنان بيكار و بار كردن بود چون خوي بنوشتن داشتم قلم بدست چپ كرفته

---

۱ Keene has كفتم ۲ Sir W. O. مقدور كسي

۳ Sir W. O. كرد ۴ Sir W. O. رسيد و

۵ Sir W. O. حرفي ۶ Keene's has كرفته

[1]مسوده میکردم و در آن مصیبت و اندوه شعر [2]بسیاري کفته ام از جمله مثنوي ساقي نامه است که افتتاح آن اینست

خدایا توئي آکه از راز و بس
بهشت از تو دارند پاکان هوس
من و مستي و کنج میخانهٔ
بآزادیم خط پیمانهٔ

تخمیناً یکهزار بیت است بغایت سنجیده و مستانه کفته [3]شده تا آنکه حق تعالي از آن [4]درد و الم صحت بخشید و پراکندکي بجمعیت [5]کرائید

---

۱ Sir W. O. سوده ۲ Sir W. O. بسیار

۳ Sir W. O. شد ۴ Sir W. O. فراد ۵ Keene کرانید

CHAP. IV.

ذكر معدودي از افاضل ۱ معاصرين

اكنون برخي از افاضل و معارف كه در ۲صغر سن باصفهان ملاقات ايشان نموده ام و هم در آن اوان رحلت كرده اند بقلم آمد از آنجمله فاضل مرحوم مولانا محمد باقر مجلسي اصفهانيست كه شيخ الاسلام و از مشاهير محدثين و فقهاي اماميه بود مولفات مشهوره دارد سه چهار نوبت ايشانرا ۳ديده ام در هفتاد و دو سالكي در هزار و صد و ده هجري در كذشت ديكر عمدة السّادات ميرزا علاء الدين محمّد معروف بكلستانه است از افاضل و اتقيا بود و با والد مرحوم اختصاص تمام داشت بعبادت و افاده بسر ميبرد و بر كتب متداوله شرعيه تعليقات دارد و روزكاري بآسودكي و عزّت داشت در همان اوان او نيز در كذشت و

---

۱ Keene معاصر باشد ۲ Sir W. O. صغير ۳ Sir W. O. ديدم

اولادش ١ بمناصب ديواني آلوده شدند و ايشان را آن عزت و احترام نماند ديكر فاضل مبرور شيخ جعفر قاضي است وي از مشايخ بلدهٔ كمره و از اعاظم تلامذهٔ استاد العلما آقا حسين خوانساري و جامع فنون علوم بود در مدرس او جمعي كثير از افاضل استفاده ميكردند و روزكاري بعزّت و احتشام داشت بمنصب شيخ ٢ الاسلامي رسيد و آن شغل خطير را بر نهج ستوده تقديم كرد و از وفور مهارت كه در امور ملكي و قوانين معاشرت داشت بوزارت اعظم نويد يافت بعض امراي سلطاني كه در پايه آن منصب بزرك بودند در شكست كار او كوشيدند و پادشاه را از آن ارادهٔ در كذرانيدند در سن كهولت در كذشت و در ٣ حاير حسين عليه السّلام مدفون شد چون با والد مرحوم مودت و الفت تمام داشت مكرّر فقير بخدمت ايشان رسيده ديكر برادر كهتر ايشان شيخ ٤ عليست او نيز در سلك فضلا بود و بعد از برادر خود بچند سال در كذشت ديكر مسيح

---

١ Sir W. O. مناسب

٢ In Keene's الاي

٣ Sir W. O. حـايـر

٤ Sir W. O. علي است

E

الزمان اخوند مسیحائي کاشانیست بزیور فضل و کمال آراسته تلمیذ و دامـاد مرحوم آقا حسین خوانساري و بغایت ستـوده خصـال و خـوش صحبت بود شعر بسیاري کفته و منشات نفیسه دارد صاحب تخلص داشت این چند بیت از ایشان است

پیـونـد الـفـت تـو چو تـار نـظاره اسـت
تا چشم میزني بهم ایـن رشته پاره اسـت

بلبل بکل نشان دهد از رنك و بـوي تو
پـروانـه بـا چـراغ کـنـد جستجـوي تو
تـا بـاشـدم بهانهٔ از بـهـر بـازکـشـت
دل را بجـا کـذاشته رفـتـم ز کـوي تو

در اصفهان بافاده مشغول بود ه تا در کذشت دیکر مولانـاي مغفور حـاجي ابـو ترابست وي از صلحاي دهـر و از مـصـاحـبـان مولانا محمد باقـر مجلسي بود

---

۱ The three lines hence to اقوالش are omitted in Sir W. O.'s Ms.

بافادهٔ فقه و حدیث مشغول و اقوالش در شرعیات معتمد علیه و روزکاري بآسایش داشت در سال فوت مولانا محمد باقر در کذشت فقیر چند نوبت ایشانرا دیده ام پسرش حاجي ابو طالب نیز از محدثین بود بعد از پدر بچند سال در کذشت دیکر فاضل عالیشان آقا رضي الدّین محمد است خلف علّامهٔ نحریر آقا حسین خوانساري و از اذکیاي علما بود ۱ طبعي بغایت دقیق و فکرتي عالي داشت در خدمت او بسیاري از فضلا مستفید شدند در جواني در کذشت فقیر در منزل والد بخدمت ایشان رسیده دیکر فاضل عارف میرزا باقر قاضي زاده است از دانشمندان روزکار و صاحب طبعان بود چون سکني در محلّه عبّاس آباد اصفهان داشت بقاضي زادهٔ عباس آباد معروف بود در اکثر علوم ماهر و بافاده مشغول و اوقاتي منتظم داشت با والد مرحوم مربوط بود تا رحلت نمود طبعش بکفتن شعر رغبت نمودي از ایشانست

---

۱ Sir W. O. طبیعي

فصل كل و موسم بهارست
كلزار برنك و بوي يارست
بيتو شب ماه تيره روزان
چون چشم سفيد كشته تارست

ديكر مرحوم مولانا شمس الدّين محمد است خلف فاضل مجتهد مولانا محمد سعيد كيلاني وي از اجمله[1] مستعدّان و جامع كمالات صوري و معنوي بود بعد از تحصيل بسياري از فنون علميه ذوق سلوك و رياضات بر او غالب شد و طرفه شوري و استغراقي ويرا فرو كرفت ترك علوم ظاهريه نموده بحاجي عبد القادر عاشق آبادي اصفهاني كه خود را از مشايخ زمان ميدانست و مريدان داشت نسبت ارادت درست كرد و در حيات والد خود در عنفوان شباب در كذشت و پس از مدتي والدش كه از اعاظم علما بود رحلت نمود با والد فقير ايشانرا مودتي قديم بود پسر ديكر مولانا محمد سعيد مذكور

---

[1] Sir W. O. جلّه

آقا مهدیست که از ۱دانشمندان و در ریاضیات مهارتي بکمال دارد شنیده میشود که تا حال در حیات و بلاهجان سکني نموده دیگر جامع الکمالات مولانا حاجي محمد کیلاني است وي از مشاهیر طلبه و بغایت حمیده خصال بود در اصفهان توطن اختیار ۲کرد و در خدمت مجتهد مرحوم مولانا محمد باقر خراساني که از اعاظم علما ۳بوده تحصیل نموده بود و در شعر سلیقه مستقیمه داشت اشعارش مشهور است در هر ماه یکدو نوبت بمنزل والد ۴آمده چند روز توقف مینمود الحق بغایت هموار و پرهیزکار بود در اصفهان رحلت کرد اینچند بیت از اشعار اوست

مثنوي

از کداز شمع باشد شعله‌را ۵پایندگي
میکند از پهلوي مظلوم ظالم زندگي

۱ Sir W. O. دانشمندانست ۲ Omitted in Keene's.

۳ Sir W. O. بود تحصیل نمود ۴ Omitted in Sir W. O.'s.

۵ Sir W. O. تابندگي

نه ^۱^بكار خويش ايم نه بكار ديكري
چون چراغ روز مي سوزد مرا اين زندكي

ايضاً

دل روشن بتقريب هوس عشق آشنا كردد
اكر خواهد كه آب آتش شود اوّل هوا كردد
چنين كر خواهش پيكان تير اوست جانم را
پس از مردن ۲ غبارم سنك سنك آهن ربا كردد

وله

صبحدم در پاي خم آمد مرا مينا بسنك
در چنين وقتي نيايد هيچكس را پا بنسك

---

۱ Sir W. O. بكاري twice. ۲ Keene غبار سنك و

CHAP. V.

توصیف اصفهان یا ذکر شمه از محاسن دار السلطنت اصفهان

و در اصفهان آنقدار از افاضل و مستعدّان بودند که اکر استیفاي ۱اسامي ایشان شود بطول انجامد والحق بآن جامعیت مصر اعظمي در معمورهٔ عالم نتوان یافت

دِیَارٌ بِهَا حَلَّ ٱلشَّبَابُ تَمِیمَتِي
وَأَوَّلُ أَرْضٍ مَسَّ جِلْدِي تُرَابُهَا

هوائي ۲بآن اعتدال و قوّت و لطافت و آبي

۱ Omitted in Keene's. ۲ Keene با آن

بآن [1]کوارائي و شهري بآن شکوه و رونق و [2]نطافت و نزاهت و کثرت عمارات عالیه و آثار قدیمه و جدیده و انبوهي ناز و نعمت در ربع مسکون نشان نداده اند همانا [3]تربیت و تکمیل نفوس و ابدان انسانیه از تاثیرات آن سرزمین است هیشه منشائي افاضل و اکابر و مستعدان و هنرمندان بوده و هر قدر در [4]توصیف خصایص جمیله آن کوشیده شود [5]هنوز ناکفته بماند اکر هوشمند جهاندیده آفاق کردیده بآن بلده رسیدي و اقامت نموده عمر و فرصت یافتي هر آینه بخصوصیات و جهات امتیاز آن بر کل جهان آکاه کشتي حسن معیشت در آن براي فقیر و غني و مسافر و مجاور یکسان و تحصیل هر کمالي و هر کونه نعمتي میسر و آسان اهالي آن از هر طبقه بفراست و ذکا و مردي و مردمي و مروت آشنا جمهور خلقش بحلیه حیا و عفاف و رغبت بطاعات و

---

۱ Keene کوارائي ۲ Sir W. O. لطافت ۳ Sir W. O. ترتیب

۴ Keene خصایص و توصیف Sir W. O. توصیف اختصاص

۵ Omitted in Keene's. حمیده

مرضیات آراسته مدارس و معابد بیشمارش طول لیالي و ایام بریاضت و عبادت سعادت مندان [1] و حق طلبان [2] معموره و ببرکت معدلت سلاطین هوشمند دین پرور و ماثر علماء و اکابر فیض کستر در طبایع قاطبه عوامش مراسم و قوانین ستوده و روشهاي پسندیده [2] متطبع و معمول و امور مکروهه و اعمال مذمومه بغایت نادر و مستور بود حکیم شفائي شاعر مشهور در یکي از مثنویات خود بقدر وسع توصیف آن نموده و کفته

مثنوي

کردون پدر است و مادر ارکان
فرزند به از پدر [2] صفاهان
محکم چو بناي دوستداري
در کنکره اش فلك حصاري
پر پیچ و خمست از آن حصارش
کاندر شکست روزکارش

---

[1] Sir W. O. دین طلبان [2] Keene معمور—منطبع—اصفهان

۱ چه شرق و چه غرب را در او جاي
يك كوچه كرفته هر دو ماواي
از غـايـت بـسـط آن معـظـم
صد وقت در او شود بيكدم
يك خانه طلوع بامداد است
يك كوچه شب سياه زاد است
صد بار ۲ بر اوج سر كشد مهر
كش جاي دكر نهان بود چهر
زآن آب و هوا تبارك اللّه
كافشاندهٔ اوست جان ۳ آكاه
فطرت كل كس ۴ مبوي خارش
ادراك كياه كشت زارش
بر دركه اين جهان حكمت
يونان باشد كداي فطرت
هر كوچه معلّمي ستاده
هر كام فلاطني فتاده

---

۱ This couplet is wanting in Sir W. O.'s. ۲ Sir W. O. باوج

۳ Sir W. O. آكه ۴ Sir W. O. ببوي

بازاریکان او خردمند
هم عقده کشای و هم رصد بند
اوباش مجسطي آفرینند
اطفال شفا در آستینند
انهار بهشت اکر چهار است
خلدیست که نهر او هزار است

تا آنکه از آسیب عین الکمال و حادثه روزکار بآن مصر اعظم از خرابي و ویراني و پراکندکي ساکنان و دودمانهاي قدیم رسید آنچه رسید

شعر

وَلَا بُدَّ أَنْ تَلْقَاكَ يَوْمًا مَنِيَّةٌ
سَوَاءٌ عَلَيْهَا أَنْ تَجُورَ وَتَعْدِلُ

از روي یار خرکهي ایوان همي بینم تهي
وز قدّ آن سرو سهي خالي همي بینم چمن
برجاي رطل و جام مي [1] کوران نهادستند پي

---

[1] کواران .Sir W. O

بر جاي چنك و ناي و ني آواز زاغست و زغن
بَنُوا قُصُورًا وَفِي تَحْتِ ٱلثَّرَي سَكَنُوا
مَا بَالُ مُلْكِهِمْ يَحْوِيهِمُ ٱلْكَفَن

و هنوز هم كه خرابي آن مصر جامع بنصاب كمال رسيده بهترين معمورهاي عالمست كسي كه اوضاع سابقه آنرا مشاهده نكرده باشد چون بآن ديار در آيد چنان پندارد كه چيزي ۱كاسته نشده و اكر طغيان تعدي و نيران ظلم عاملان اندك پستي كيرد بكمتر مدتي برونق و ۲حالت نخستين باز آيد و از اطراف جهان محط رحال رجال شود عمرها الله تعالي بالعدل والانصاف

---

۱ Sir W. O. كاشته نشد ۲ Sir W. O. حال

CHAP. VI.

نهضت راقم در خدمت والد مرحوم از اصفهان بگیلان و ذکر معدودي از افاضل معاصرین رحمهم الله ورود بلاهجان

مجملاً والد مرحوم را بشوق ملاقات برادر و ذوي الارحام ارادهٔ رفتن بلاهجان از خاطر سر بر زد و مرا همراه گرفته بآنصوب نهضت ۱نمودند و در هر منزل بعد از نزول الهیّات شرح تجرید و زبدة الاصول را در خدمت ایشان میخواندم

و از افاضل و اعلام که در آن سفر ملاقات شده فاضل محقّق میرزا حسن خلف مرحوم مولانا عبد الرزّاق لاهجیست در دار المومنین قم که موطنش بود در سن کهولت و اواخر حیات سعادت خدمت ایشان یافته ام در علم و تقوي آیتي بود مصنفات

---

۱ Sir W. O. نمود

شریفه دارد چون شمع [1]یقین در عقاید دینیه و جمال الصالحین در اعمال و رساله [2]تقیه و غیر آن

دیگر از افاضل حاجي محمّد شریف بود هم در آن بلده بخدمت ایشان رسیده ام حاوي فنون و مشربي بغایت صافي و ذوقي کامل داشت دیگر از افاضل سیّد العلماء میر محمد ابراهیم قزوینیست جامع معقول و منقول و از اتقیا بود در دار السّلطنت قزوین ایشانرا دیده ام دیگر سید الافاضل [3]میرزا قوام الدّین محمد سیفي قزوینیست فاضلي نحریر خاصه در فنون منقوله امام بود شعر عربي و فارسي نیکو کفتي و بغایت ستوده خصال بود همدرآن بلده ادراك صحبت ایشان نموده ام و این هر دو سید عالیشان تا چند سال قبل از این در حیات بودند و در کذشتند

[4]بالجمله چون وصول بلاهجان روي داد در منازل قدیمه نزول و بخدمت عم عالیمقدار و سایر افاضل و اعیان و مستعدان آن دیار رسیدم قریب بیکسال در

---

۱ Sir W. O. الیقین

۲ Sir W. O. بقیه

۳ Sir W. O. مـیـر

۴ Sir W. O. بآنجمله

آنجا بسر رفت و جمعیتي تمام داشتم و والد مرحوم بمذاکره و مباحثه مشغول بودند و در آن مجلس از مستفیدان بودم و باشارت والد رساله خلاصة الحساب ۱ را در خدمت عم مرحوم استفاده نمودم و کاهي بمواضع دلکشا و منزهات آن ولایت بسیر و تفرج رفته مکانهاي دلکش بنظر میرسید و صحبتهاي خوش روي میداد

---

۱ This Accusative postposition is wanting in Keene's Ms.

CHAP. VII.

ذكر شمه از احوال مملكت كيلان

مجموع ولايات كيلان خاصه بلده لاهجان در سبزي و خرمي و معموري و وفور كل و لاله و كثرت مياه و انهار و تشابك اشجار و اثمار كرم سيري و سرد سيري در ربع مسكون بي عديل و نظير است عاليست جدا كه مشابه آن ا يافت نشود شهرهاي معتبره معموره و عمارات عاليه مزينه و قلاع متينه دارد و از قديم الايام باز هميشه معمور و مسكن سلاطين ذي شوكت بوده اغلب در ميانه سه پادشاه صاحب دستگاه انقسام داشته هوائي در غايت رطوبت و اعتدال دارد و حسن معيشت و تنعم خلقش بدرجه كمال و از اكثر ممالك عالم ممتاز است در جميع ماكولات و اقسام ملبوسات و اصناف ضروريات آن ملك را هيچ

1 Sir W. O. يافته

گونه حاجت بخارج نیست و آنچه در اکثر ممالک حاصل و مهیا نتواند شد آنجا میسر و سهل الحصول و بیقدر و بهاست در اکثر بیشهای آن از ۱تزاحم اشجار ۲مجال عبور طیور و وحوش نیست و قوت نامیه بحدیست که بقطعه سنك در کوهسار و ۳کف خاك در صحراي آن که ساده از کل و کیاه و اشجار باشد نتوان یافت و از کثرت درختان بي خزان چون شمشاد و آزاد و نارنج و ترنج و امثال ذلك همیشه کوه و صحرا زمردي ۴قانیست و شوارع بلاد و ۵قصباتش با وجود ۶ازدحام پیاده و سوار همیشه پر کل و کیاه کثرت مکانهاي خوش و شکارکاهش از تعداد بیرون و اقسام صید بري و بحري آن از حوصله شمار افزونست مردمش بوفور ذکا و هنر مشهور و به پرهیزکاري و غریب پروري معروف اند همیشه آندیار مشحون بدانشمندان و اعلام روزکار بوده اما چون قریب بساحل

---

۱ Sir W. O. تراجم
۲ Sir W. O. مجال
۳ Sir W. O. کفي
۴ Sir W. O. قامت
۵ Sir W. O. فضایش
۶ Sir W. O. اژدحام

بحر خزر واقع [1] شده اغلب اینست که پس از قرني بسبب عفونت هواي دریا علت وبا کم یا بیش در آن بلاد سرایت نموده جمعي تلف میشوند و رطوبت هوایش نیز چون [2] زیاده است بنوعیکه شب از کثرت شبنم خوابیدن زیر آسمان دشوار است بسا باشد که بطبع مردم بیگانه زیاده ملایمت نکند

---

[1] Sir W. O. شد

[2] Sir W. O. زیاد

CHAP. VIII.

مراجعت باصفهان ذكر بعضي از افاضل اساتيد اعلام

بالجملة والد مرحوم بعد از ديدن ياران و تنسيق ١اراضي املاك موروثي ٢كه وجه معاش بدان بود عازم معاودت باصفهان شدند و در خدمت فيض ٣مآب بودم و در عرض راه رساله تشريح الافلاك و چند ٤ذخيره در هيأت تعليم فرمودند تا باصفهان رسيده در آن بلده باز بشوقي تمام و جدّي موفور بمذاكره و مباحثه مشغول شدم و روزكاري بجمعيت و آرام داشتم و در مدرس فاضل نحرير ميرزا كمال الدين ٥حسين فَسَوي باستفاده تفسير بيضاوي و جامع الجوامع طبرسي و امور عامه شرح تجريد پرداختم و نزد مولاناي فاضل حاجي محمد

---

١ Sir W. O. قليل ٢ كه—بود omitted in Keene's.

٣ Keene has ياب ٤ Keene و چيزه ٥ Sir W. O. محمد

طاهر اصفهاني که محدث و فقیه زمان بود کتاب
استبصار شیخ طوسي و شرح لمعه دمشقیه قراءت کردم
در آن زمان صیت دانش قدوة الحکماء شیخ عنایت
الله کیلاني [۱]رحمه الله که در اصفهان بافاده مشغول بود و
با والد مرحوم دوستي داشت مرا خواهان استفاده
ساخت در خدمت ایشان منطق تجرید که از نفایس
کتب منطق است با کتاب نجات شیخ الرئیس شروع
نموده بانجام رسانیدم و تا آن حکیم دانشمند در اصفهان
بود نسبت استفاده در میان بود پس عازم کیلان شده
در قزوین رحلت کرد وي از تلامذه میر قوام الدین
حکیم مشهور و در حکمیات و سایر فنون استاد و حادي
مآثر حکما بود در تحصیل مراتب عالیه ریاضات عظیمه
کشیده [۲]ذوقي عجب و ملکهٔ قوي داشت فقهاي
ظاهر چون مورد التفاتش نبودند چنانچه رسم [۳]ایشان
است نسبتش بعقاید حکما و انحراف از شریعت
مقدسه میدادند وحاشاه عن الانحراف

---

۱ Sir W. O. رحمة الله علیه

۲ Sir W. O. ذوقي عظیم

۳ Sir W. O. انسانست

پس بخدمت سید المتبحرین امیر سید حسن طالقانی رحمه الله که از اعاظم علما و اکابر عارفان بود رسیدم کتاب [۱] فصوص الحکم شیخ عربی مباحثه میفرمود باستفاده مشغول شدم و شرح هیاکل النور نیز در خدمت ایشان خواندم شفقتی عظیم بمن داشت در هیچ فنی از علوم نبود که استحضارش بکمال نباشد مسایل حکمت را با مشاهدات صوفیه انطباق داده علوی عظیم در اظهار مراتب [۲] ثلاثه توحید داشت قوت تقریر و مباحثه اش بمثابه بود که احدی از اصحاب جدل را نزد او یارای سخن کفتن نبود و اخلاص و استفادهٔ فقیر و شفقت ایشان استوار بود تا در اصفهان رحلت نمود بعض طلبه ظاهر وی را نیز غایبانه بعقاید غیر مستفاده از شرع اقدس [۳] نسبت میدادند

وَالنَّاسُ أَعْدَاءُ مَا جَهِلُوا

و از افاضل روزکار در آن بلده مرحوم مغفور آقا

---

۱ Sir W. O. فضوص ۲ Sir W. O. توحید ثلثه ۳ In Keene's omitted.

جمال الدّین محمّد خوانساري ولد اکبر علامي آقا حسین طاب ثراه بود و از غایت اشتهار بي نیاز از توصیف است فقیر اگرچه بسعادت استفاده از ایشان نرسیده ام لیکن مکرر شرف حضور مجلس ایشان در ۱ یافته در سن کهولت باصفهان رحلت نمود و در جوار والد خود مدفون گردید روزگاري بافاده و عزّت و احتشام گذرانیده بغایت مقدّس و حمیده خصال بود

دیگر از علماي عالیشان آخوند ۲ مولانا محمّد گیلاني مشهور بسراب بود وي از مجتهدین عصر و صاحب ورع و زهد تمام و مدّتها بود که در اصفهان متوطّن شده بافاده مشغول و روزگاري مهیّا داشت با والد مرحوم ایشانرا الفت و صداقتي خاصّ بود مکرر فقیر بخدمت ایشان رسیده و تحقیق مسایل نموده در کبر سنّ رحلت نمود و در آن بلده مدفون شد

و در آن اوان فقیررا بتحصیل علم طبّ میل افتاد قدري از کلّیات قانون و بعض مقاصد آن فن را نزد جالینوس الزمان حکیم مسیحاي مشهور که طبیبي

---

۱ Sir W. O. یافت ۲ Sir W. O. مولانائي

دانشمند معمر بود و بمعالجه مرضي و تعليم اكثر اطباي آن شهر مي پرداخت استفاده نمودم شبي بمطالعه مشغول بودم وقت سحر والد علامه رحمه الله نزد من ١آمده بنشست در اطراف من كتابهاي طب بود و بآنها مشغول بودم چون سوال نموده معلوم شد كه بآن فن ٢فرو رفته ام مرا از آن همه اهتمام و غور در آن منع فرموده كفت اكر كسي را اعتماد بفرصت باشد آنچه طلبد رواست امّا ترا آن يقين و اعتماد بطول مدّت عمر از كجا حاصل آمده من مي بينم كه نفس تو بدن ترا ميخورد و ميكدازد چنانكه شمشير تيز نيام خودرا ميخورد و ٣شخص چنين طويل العمر نتواند بود پس در آنچه اهمّ است بكوش اين بكفت ٤و بكريست و مرا نوازش و دعا نموده بر خاست

پس از چندي بخدمت فاضل محقّق ميرزا محمّد طاهر خلف ميرزا ابو الحسن ٥قايني كه در رياضيات و

---

١ Sir W. O. آمد و ٢ Keene مشغولم

٣ Keene چنين شخص ٤ These two words are omitted in Keene's.

٥ Sir W. O. قانى

اواسط حکمت نادرهٔ زمان بود رفته مدتی بتحصیل و تنقیح رسایل هیأت و شرح تذکره و تحریر اقلیدس و تحریر ا مجسطی و قوانین حسابیه پرداختم و فاضل مذکور تا ده سال قبل از این در حیات بود و رحلت نمود

---

۱ Keene مجسطی

CHAP. IX.

استعلام و توغل راقم در حقایق ادیان مختلفه و آرای [1]متخالفه تایید غریب

پس شوق باطلاع بر مسایل و حقایق ادیان مختلفه و اصحاب ملل پدید آمد و با علماي طبقهٔ نصاري و پادریان ایشان که در اصفهان جمعي کثیر بودند آشنا [2]و مختلط شدم و مقدار دانش هریك آزمودم یکي [3]از میان ایشان امتیاز داشت و اورا خلیفه [4]آوانوس کفتندي عربي و فارسي نیکو دانستي و بمنطق و هیأت و هندسه مربوط بود و بعض کتب اسلامي نیز بمطالعه اش رسیده بود و شوقي بتحقیق بعض مطالب داشت و از خوف و عدم التفات علماي اسلام بآن طبقه از مقصود خود باز مانده بود

---

١ Keene مخالفه

٢ These two words Keene's Ms. omits.

٣ Keene has در

٤ Sir W. O. ادنوس

صحبت مرا مغتنم شمرد و پس از چندي كه از صفات و انصاف من آگاه شد اخلاص و محبتي استوار پيدا كرد و من انجيل از او آموختم و بشروح آن پي بردم و تحقيق عقايد و فروعات ايشان بواقعي نمودم و بسياري از كتب ايشان‌را مطالعه كردم و او نيز گاهي از من تحقيقات مينمود و مكرر بتقريرات مختلفه حقيقت اسلام را بر او تمام كردم و اورا ¹سخني نماند و ملزم شد ليكن توفيق هدايت بظاهر در نيافت تا وفات كرد

و در ميان يهود سكنه اصفهان كه از عهد موسي عليه السلام بزعم خود ساكن آن شهر اند ²برشعيب نام اعلم ايشان بود اورا مطمين ساختم و ³مكرر پوشيده بمنزل او رفتم و اورا بمنزل خود آوردم و از او توريت بياموختم و ترجمهٔ آن را نويسانيدم و از حقيقت آنچه در دست ايشان است آگاه شدم ليكن آن طبقه‌را بغايت عديم الشعور و از تميز و فكر بيگانه

---

۱ Keene سخن نماند

۲ Keene شعيب

۳ These words as far as خود are wanting in Keene's Ms.

یافتم غباوت و تصلب ایشان را در جهل پایانی نیست

و همچنین باختلافات مذهب اسلام پرداختم و کتب هر فرقه و سخنان هر یك را پي بردم و منصفانه و مشتاقانه ملاحظه کردم و از هر فرقه هر جا کسي مییافتم که ربطي بمذهب خود داشت با او صحبت میداشتم و استعلام مقاصد و سخنان او مینمودم و در این وادي مرا با ارباب آرآي مختلفه آن مقدار کفت و [۱]شنود رویداده که [۲]خدا داند و در ضمن این مشاغل کتب متداوله را درس میکفتم و حواشي و تعلیقات مینوشتم و بتقریبات رسایل [۳]منفرده در تحقیقات مختلفه تحریر مینمودم و اکثر را اول بنظر فضلائي آن فن رسانیده اطمینان حاصل میکردم و همه مورد تحسین [۴]ایشان میشد و از برکت تأیید الهي تا این زمان هرکز نشد که در موضعي از مصنفات من سقمي و خطائي ظاهر شود ومن الله التأیید وبه الاعتصام

---

۱ Sir W. O. شنودي ۲ Sir W. O. خداي

۳ Sir W. O. متفرده Keene منفروده ۴ Omitted in Keene's Ms.

CHAP. X.

سانحه انجذاب نفساني سانحه احساني

و در آن ايّام از حوادث و اواردات غريبه جذبهٔ حسني و شيوهٔ زيبا شمايلي بود که دل را شيفته ساخت

بنمودمي نشاني ز جمال دوست ليکن
دو جهان بهم بر آيد سر شور و شر ندارم

زاويه نشينان کاخ دماغ را طرفه شوري در افتاد و از دل بيقرار فتنه و آشوبي بر خاست

ما درس سحر در سر ميخانه نهاديم
اوقات دعا در رهٔ جانانه نهاديم

ا Sir W. O. ارادات

در خرمن صد زاهد عاقل زند آتش
این داغ که ما بر دل دیوانه نهادیم

عندلیب دل شوریده ۱حال بکلبانك بلند این پرده سرائیدن کرفت

فاش میکویم و از کفتهٔ خود دلشادم
بندهٔ عشقم و از هر دو جهان آزادم
نیست بر لوح دلم جز الف قامت یار
چکنم حرف ۲دکر یاد نداد استادم

طرفه تر آنکه دل افتادکان و خاك نشینان آن سر کوي از چند و چون بیرون بود و این بیت ورد زبان من

اي کل نه همین معرکهٔ من بتو کرم است
هنکامهٔ صد سوخته خرمن بتو کرم است
شبي با جمعي از یاران موافق و دوستان صادق

---

۱ Wanting in Keene's. ۲ Keene دیکر

بباغي رفتم مولانا علي كوساري اصفهاني خطاط مشهور كه جامع كمالات صوري و معنوي و نادرهٔ روزكار بود و در حسن [1] اصوت و سرائیدن نغمه اش [2] ثاني معجزه داودي حاضر بود نیم شب پرده ساز كرده نخست این بیت خواندن كرفت

امشب بیا تا در چمن سازیم پر پیمانه را
تو شمع و كل را داغ كن من بلبل و پروانه را

این سوخته را حالي پیش آمد كه تقریري نیست هزار بار كالبد عنصري را سلطان روح تهي ساخته باشد و تا صبح ترانهٔ او همین بیت بود میكفت و خاموش میشد و پس از لحظه [3] همان سرائیدن میكرفت

پس از چندي مرا عارضهٔ صعب پیش آمد شبي وجعي در مفاصل پدید آمد و صبح شدّت نموده تمام مفاصل [4] بدن را فرو كرفت و از حركت باز ماندم جمعي از اطبّا بمعالجه آمدند و تجویز تعریق و آشامیدن

---

۱ Keene صـورت　　۲ Keene تـالي

۳ Keene هـمـین　　۴ Keene بـدن مرا

چوب چینی کردند و بر من بسبب هجوم هموم و احزان دشوار بود از جمله اطبّا میرزا شریف خلف حکیم جلال الدّین مشهور که از حذّاق اطبّا و بحلیه ۱ حلم و صلاح آراستکی داشت تعهد معالجه بتدبیرات دیکر نمود و مشغول شد دو سه روز چون بر این بکذشت طبیب مزبور خود بهمان آزار مبتلا شده بر بستر افتاد و من در آن حال غزلی کفتم که مطلع آن این است

مطلع غزل

بجرم عشق اکر کشتی مرا ممنون احسانم
کناهٔ زاهد بیدرد یا ربّ چیست حیرانم

و از این غزل است

کتاب عشق لوح دل بود در مکتب هستی
نکو کردی بسطر تن کشیدی خط بطلانم

پس از دو ماه حقّ تعالی از آن وجع مزمن شفا بخشید و باز بتعلیم پرداختم

---

۱ Keene علم و سلاح

CHAP. XI.

تدوين ديوان اشعار ذكر خلاصهٔ ادوار مير عبد الغني مرحوم

در اثناي آن آزار چون معطل مانده بودم شعر بسياري كفتم و قدرت بر نوشتن نداشتم ديكران مينوشتند و آن اشعاررا الحق [1]وردي و اثري ديكر است پس اشعاري كه از بدايت تا آن اوان جمع آمده بود فراهم آورده ديواني مرتب شد مشتمل بر قصايد و مثنوي و غزليات و رباعيات و تخمينًا هفت هشت هزار بيت و آن اوّل ديوان اين خاكسار است و در ميانهٔ مستعدّان متداول شد و رغبت بكفتن و صحبت [2]شعر افزوني كرفت و شعر درست مستحسن را در مذاق من طرفه تاثيري بود

و از آن همه موزونان و سخنوران كه صحبت ايشان در يافته ام يك كس را ديده ام كه بجميع اطوار و

---

[1] Keene دردي

[2] Or شعرا فزوني

عوالم شعر فارسي ١چنانچه بايد ميرسيد وحق سخن ٢اورا ادا ميتوانستي كرد و ديكري را تا اين زمان در پايهٔ او نديده ام وي مير عبد الغني تفرشي است از احفاد فاضل مرحوم مير عبد الغني تفرشي تلميذ ميرزا ابراهيم همداني مشهور كه در عهد شاه عباس ماضي از مستعدّان بوده و دركذشته بالجمله اين مير عبد الغني كه از دوستان و معاشران فقير بود بمضمون اَلوَلَدُ الحُرُّ يَقتَدِي بِآبَاءِ الغُرِّ باوصاف كمالات آراسته سليقهٔ در نهايت استقامت و ٣فطرتي بغايت عالي داشت اكثر متداولات عليه‌را طي نموده در شعور و ذكا و ذوق و وجدان آيتي بود ٤اكرچه شعر بسيار كم كفتي ٥چنانچه مجموع افكار ابكارش بيكصد بيت نرسد امّا چنانكه بايد كفتي متانت و حلاوت و ٦كيفيت سخنش را نسبتي ٧باشعار همكنان نبود و در نكته پروري و ٨درد سخن رسي نظير اورا نديده ام تا وي

---

١ Keene چنانكه ٢ Keene سنجي ٣ Sir W. O. فقرتي

٤ Sir W. O. اكر ٥ Keene چنانكه ٦ Keene كيفيتي

٧ Keene با همكنان ٨ Sir W. O. در سخن

در حيات بود فقير بذوق سخن سنجي او شعر بسياري ميكفتم و اورا با من عظيم الفتي بود و اين رباعي از ايشان است

رباعي

عمري برهٔ وفا نشستيم عبث
دل جز تو بديكري انبستيم عبث
در كوي تو قرب هر سكي پيش از ماست
٢ما اينهمه استخوان شكستيم عبث

تا آنكه در شباب باصفهان در كذشت و داغ فراق بر دل احباب كذاشت اَللّٰهُمَّ اَغْفِرْ لَهُ وَاجْعَلْهُ عِنْدَكَ فِي أَعْلَي عِلِّيِينَ

---

١ Sir W. O. بستيم به

٢ Sir W. O. با

CHAP. XII.

حركت راقم حروف از اصفهان بدار الفضل شيراز ذكر بعض ديكر از اساتيد[1] اعلام و افاضل كرام

پس بتقريب نهضت چند كس از دوستان و ياران [2]آزاده بصوب دار الافاضل شيراز مرا هم شوق ديدن آن بلده كريبان كير شده بعد از التماس اجازت از والدين [3]روانه آنصوب شدم و بآن بلده رسيده صحبت افاضل و اعيان و مستعدان آنجا در يافتم و بآن سرزمين مرا انسي و الفتي پديد آمد و تا بوده ام وقت من خوش بوده

دار الملك شيراز از بلاد معتبرهٔ فارس و تا بوده چه در اسلام و چه پيش از اسلام مجمع و مسكن افاضل و مؤيدان بوده اكرچه در آب و هواي آن

---

[1] Keene اسانيد [2] Sir W. O. ارادة [3] Keene راويه

قوّت و لطافت چندان نيست امّا باعتدال است و بغايت معمور و موفور النعم معابد و مدارس و بقاع الخير در آن بسيار و كوشهاي بكيفيت دل نشين دارد و شيخ سعدي شيرازي [۱] فرموده

اكر مصر و شام است اكر بر و بحر
همه [۲] روستاق است شيراز شهر

بالجمله مولاناي اعظم استاد العلماء مولانا شاه محمّد شيرازي رحمه اللّه در آن شهر بود بسماع كتاب اصول كافي در مدرس ايشان مشغول شدم و اكثر اوقات [۳] شبانه روزي در خدمت [۴] او استفاده ميكردم و نسبت بمن اشفاقي عظيم داشت فاضل مذكور از نوادر روزكار بود [۵] تتبعي عظيم و حفظي قوّي و عمري طويل داشت ادراك صحبت بسياري از علما و

---

۱ Omitted in Keene's. ۲ Sir W. O. روستائيست و

۳ Sir W. O. شبانروزي از ۴ Sir W. O. ايشان

۵ Sir W. O. تتبعي

اکابر عرفا نموده اکثر ممالک عالم را دیده بود و در تحصیل مراتب عالیه و تکمیل [1]نفس ریاضتها کشیده بمشایخ و اولیا اخلاصي عظیم داشت و بغایت ستوده اخلاق و کریم الذات بود قریب بیکصد و سي سال عمر یافت و همه‌را صرف نشر علم و حقّ طلبي و خیر خواهي عباد نمود و چند رساله در حدیث و حکم و تصوّف از مصنّفات اوست تا آنکه بعد از چندي از ورود فقیر بآن بلده رحلت کرد

دیگر از افاضل آن شهر مولاناي محقّق جامع المعقول و المنقول آخوند مسیحاي فسوي علیه الرحمه بود و بتدریس اشتغال داشت وي اعظم تلامذه آقا حسین خوانساري و قدوة فضلاي عهد و بحدّت ذهن و حسن سلیقه و بتجرّد در جمیع علوم اشتهار داشت و منصب شیخ الاسلامي فارس بخدمتش مرجوع و مدرسش مجمع طلبهٔ آفاق بود مدّتي در خدمت ایشان بمذاکره و مباحثه پرداختم و [2]طبیعیات شفا و الهیات شرح اشارات و حواشي قدیمه و جدیده و غیر آن استفاده

---

1 Omitted in Sir W. O.'s.

2 Sir W. O. طبیعات

نمودم تـا آنكه ببلده فسا رفته بـرحمت ايزدي پيوست
والحق از نحارير فضلاي عاليشان بـود فكري رسا و
۱ سليقه مستقيم و طبعي شكفته داشت در شعر ۲ عربي
و فـارسي و معمّا و منشات عـربـي و فارسي نهايت
قـدرت يافته بود قصايد عربي در مدح امير المومنين
عليه السلام دارد و بغايت بليغ كفته و در فارسي اشعار
۳ شايسته شوخ دارد معني تخلّص ايشان است

شد كرم ۴ بـه جكـر سوزيم آن رند شـرابـي
مستيش بر آن داشت كه كرديد كـبابـي
از تـربـيـت آب ۵ حـيـات كل رويـش
فرداست كه آن سيب ذقن كشته كلابـي

ديكر از مشاهير فضلاي آن ۶ بلده مـولانـا لطف الله

---

۱ Sir W. O. طبعي مستقيم و شكفته

۲ Keene فارسي و عربي نهايت بلاغت و ابيات غرّا

۳ Omitted in Sir W. O.'s. در مدح &c.

۴ Wanting in both Mss. ۵ Both Mss. حياي ۶ Sir W. O. شهر

شیرازي علیه الرحمه بود وي از فحول علما و تلمیذ فاضل عارف مولانا محمّد محسن کاشاني رحمه الله بود بخدمت ایشان رفته مدتي باستفادهٔ حدیث و معارف دیگر گذشت و بعد از گذرانیدن کتاب وافي که از مصنفات ملا محسن مرحوم است اجازتي مفصّله بجهة فقیر مرقوم فرموده بود تا آنکه در سن کهولت در گذشت

دیگر از افاضل آن دیار عارف معارف مولانا محمّد باقر مشهور بصوفي بود بغایت دانشمند و عرفاني بکمال داشت در خدمت ایشان کتاب تلویحات شیخ اشراق و قدري از قانون خواندهٔ ام هم در آن بلدهٔ بعالم بقا پیوست

دیگر از اعلام آن مقام شیخ محمّد امین[1] شیرازي بود بحلیه علم و سداد آراسته مکرّر با ایشان صحبت داشته ام بعد از افاضل مذکورهٔ در حیات بود و در گذشت

دیگر از افاضل و معارف آن شهر جامع [2]الفضایل

---

[1] Sir W. O. آمین [2] Sir W. O. الفواضل

مولانا محمّد علي مشهور بسكاكي بود موحدي دانشمند
و مدرّس مـدارس شيـراز و در فنون ۱علوم مهارت
داشت و از تلامذه مولانا شاه محمّد و آخوند مسيحاي
۲فسائي و ديكران بود نـسـبت ارادت بسلسلهٔ مشايخ
درست نموده در لباس ايشان ميزيست بغايت عالي
فطرت و صافي طويّت و خجسته اخلاق بود و قبولي عظيم
در دلها داشت پيوسته دوستي و مصاحبت با فقير مي
نمود تا آنكـه در استيلاي افاغنه بشيراز درجه شهادت
يافت شعر بغايت نيكو كفتي اين چند بـيـت ثبت
شـد

دو عـالـمرا جـزاي قاتل من ده خداي من
كه بس باشد همين ذوق شهادت خونبهاي من
بد ن مصر و هوا فرعون و هامان نفس و من موسي
خيال و وهـمـهـا سحر و دليل من عصاي من
چو نفي نفي اثـبـاتـسـت از مردن نـمـي ترسم
بـقـاي من چو شمع كـشـتـه بـاشد در فناي من

---

۱ Sir W. O. عـلـم   ۲ Keene فساني

كذشتن از سراب دهر دامن چيدني دارد
ز آب هفت دريا تر نكردد پشت پاي من

در نظم اشعار شكيب تخلّص اوست

ديكر سيّد السّادات والافاضل ميرزا مهدي انسابه[۱] بود منصب شيخ الاسلامي بايشان مرجوع شد و بغايت جليل القدر و سلسلهٔ ايشان در آن بلده بجلالت حسب و نسب مشهور اند با فقير محبّت و الفتي تمام داشت و اولاد و احفاد ان سلسله همه از مستعدان و معاشران من بودند و آن سيّد عاليشان نيز در فتنه[۲] شيراز بدرجه شهادت فايز كرديد

ديكر از مستعدان سكنه شيراز كه با من[۳] انس تمام داشت ميرزا ابو طالب[۴] شولستاني بود سليقه درست و اخلاق ستوده داشت بصحبت مستعدان و مذاكره علوم و عبادات ميكذرانيد و بعد از حركت فقير از آن ولايت باصفهان تا در حيات بود هميشه ابواب

---

۱ Sir W. O. نسّابهٔ

۲ Sir W. O. شيرازي

۳ Sir W. O. انسي

۴ Sir W. O. and Keene شوبستاني

مصادقت و مكاتبات مفتوح داشت و بسياري از اشعار فقيررا جمع نموده بود

وقتي در اصفهان مكتوبي از وي رسيد و در ضمن آن سوال از جمال الدّين عبد الرزاق اصفهاني و پسرش كمال الدّين اسمعيل نموده و خواهش محاكمه در شعر ايشان كه آيا سخن كدام يك رجحان دارد فرموده و در آن مكتوب مسطور بود كه در ميان جمعي بر سر اين ترجيح مكابره است و طرفين رضا بمحاكمهٔ تو داده فقير جواب او نوشته اين قطعه منظوم و در مراسله مندرج ساخته باو فرستادم

مثنوي

دوش از بر ياري كه دلم شيفتهٔ اوست
وز شرح كمال خردش ناطقه لالست
آمد ۱ ببرم قاصد فرخنده سروشي
با نامهٔ عذبي كه مكر آب زلالست
نثرش نتوان كفت كه سلكيست ز كوهر
هر سطري از آن در ۲نظرم ۳عقدهٔ لالست

---

۱ Keene سيرم ۲ Sir W. O. نظر عقد ۳ Keene عقد

بکشودم و بر خواندم و ۱سنجیده و دیدم
کز بنده ۲رهي حاصل آن نامه سوآلست
کامروز درین ناحیه عاشق سخنانرا
غوغا بسر شعر جمالست و کمالست
القصّه درین مسئله یاران دو کروهند
در حجّت ترجیح یکي زین دو جدالست
این شعر پدر آورد آن شعر پسررا
یکسو نشد این مشغله امروز دو سالست
راضي شده اند آنهمه یاران مجادل
کز کلك تو حکمي که رسد وحي مثالست
بکشاد پي پاسخ سنجیده پر خویش
سیمرغ خیالم که سپهرش تهٔ بالست
۳مجموعهٔ آن هر دو بدقّت نکرستم
کر ۴معجزه کفتن نتوان سحر حلالست
دیدم که دوات و قلم آن دو شهنشاه
در مملکت شوکتشان کوس و دوالست

---

۱ Sir W. O. سنجیدم	۲ Sir W. O. ره
۳ Sir W. O. مجموع	۴ Sir W. O. معجز

آن هر دو بفضل آیت و ١برهان و بلاغت
در حجلهٔ آن هر دو ٢پریزادهٔ خیالست
غرائي هر مطلعشان مهر سپهریست
سیرابي هر مصرعشان تیغ مثالست
شعر شعرائي که ٣قرین‌بند بایشان
نسبت بگهر سنجي آن هر دو سفالست
در چنگ دبیران قوي ٤پنجه قلمها
پر پیچ و خم از خجلت آن هر دو چو نالست
جمع آنچه اتقان بلطافت که نموده
پیش دمشان غاشیه بر دوش شمالست
هر ٥صفحه ز مشکین رقم آن دو گهرسنج
چون عارض خوبان همه خط و همه خالست
امّا چو کسي دیدهٔ انصاف کشاید
این مطلع من آینهٔ شاهد حالست
در شعر جمال ارچه جمالي بکمالست

---

١ Sir W. O. برهان بلاغت ٢ In both Mss. پریزاد

٣ Sir W. O. قرین آید ٤ Sir W. O. بیخته

٥ Sir W. O. صفحهٔ مشکین

اما نه بزیبائي ابکار کمالست
لفظش بصفا آینهٔ شاهد معنیست
معني ۱بشکوهیست که طغراي جلالست
هر نکتهٔ سر بستهٔ او نافهٔ مشکست
هر نقطهٔ او شوختر از چشم غزالست
فیض رقمش از تتق غیب سروشست
مدّ قلمش در افق فضل هلالست
صد بار ز سر تا سر دیوانش گذشتم
لیلئست که سر تا بقدم غنج و دلالست
دریوزه‌گر رشحهٔ اویند حریفان
الحق رگ ۲او بر قلمش بحر نوالست
استاد سخن گرچه جمالست ولیکن
تکمیل همان طرز و روش کار کمالست
تحقیق در اقوال دو استاد حزین را
این است که گفتیم و جز این محض جدالست
راي همه این ۳بوده که خلاق معاني

---

۱ Sir W. O. بشکوه است   ۲ Keene ابر

۳ Sir W. O. بود

آخر نه خطاب وي از اصحاب کمالست
معیار کمالم من و با من دگران را
در پلّهٔ میزان خود اندیشه وبالست
این نامه نوشتم بشب هفتم شوّال
ماه این و هزار و صد و سي و دو بسالست

و در دار العلم شیراز بسیاري از مستعدان و اهل عرفان با من معاشر بودند که ذکر ایشان موجب اطناب عظیم است و هواي آن بلده با دماغ موافقت تمام دارد چنانکه هرچند کسي ۱بمطالعه و فکر دقیق پردازد ملال حادث نمیشود و در ایّام اقامت آنجا مطالعه و مباحثه بسیار کردم و آن مقدار از کتب مختلفه و فنون متنوّعه بنظر تدقیق در آمد که احصاي آن عسیر است و گاهي بگوشهاي دلنشین و مکانهاي خوش بتفرّج رفته با احباب صحبتهاي بفیض میداشتم

---

۱ Keene بمذاکره

CHAP. XIII.

سانحه غریبه

روزي در یکي از بقاع شریفه آن شهر نشسته بودم
که حالتي غریب مشاهده افتاد مردي را دیدم
میرفت سراپا عریان و بهر دو دست خود کارد
داشت و بقوت تمام بر اندام خود میزد و خون از
وي جاري بود زخمهاي کاري بیشمار بر تن و سر و
روي خود داشت و همچنان در آن کار بود و هر
زخم که بر خود میزد ظاهر [۱]میشد که راحت و
[۲]لذت مي یابد و اصلاً سخني نمیکفت از حال او
پرسیدم کفتند اسمعیل نام دارد بکسي عاشق بود او
وفات یافت چون این آکاه شد بیهوش شد چون
بخود آمد مجنون شده بود جامه بر درید و کاردها
بکرفت و چند روز است که در این کار است کفتم

---

۱ Keene باشد ۲ Sir W. O. لذّتي

چرا کاردها از دست ¹او نمي ستانند کفتند قوتش بحدّيست که کارد از دستش بيرون کردن بغايت مشکل است و چندين کس اورا افکندند و خواستند که کارد بکيرند عجز کرد و حالتي مشاهده شد که کفتند اکر کارد بکيريم همين لحظه خواهد مرد پس اورا وا کذاشتند و ²عجيب تر اين است که زخمي که صبح بر خود زند اکر ديکر باره بر همان موضع نزند بوقت عصر التيام مييابد پس متفحّص حال او شدم بعد از سه روز در بيرون شهر کاردي بر پهلوي او رسيده احشاي او قطع شد و ³بيفتاده جان تسليم کرد

آنانکه غم عشق کزيدند همه
در کوي شهادت آرميدند همه
در معرکهٔ دو کون فتح از عشقست
با آنکه سپاهٔ او شهيدند همه

---

¹ Sir W O. وي ² Sir W. O. عجب ³ Keene بيفتاد

CHAP. XIV.

حرکت از شیراز ببیضا   ذکر سید الافاضل سید
علي خان   رفتن از بیضا باردکان شیراز

پس از شیراز ۱بمحال بیضاي فارس حرکت کردم و در آن ۲محال در این زمان شهري نمانده امّا مشتمل است بر قراي معمورهٔ بسیار و در خوشي آب و هوا ممتاز است مکانهاي بکیفیت و شکارگاههاي خوش دارد مدتي در آن حدود ماندم و در آنجا بود سید فاضل ادیب حسیب جلیل نحریر صدر الدین سید علي خان بن سید نظام الدین احمد حسیني رحمه اللّه وي از احفاد استاد البشر امیر غیاث الدین منصور شیرازي علیه الرحمه ۳و فاضلي جامع و در علوم ادبیه یگانه روزگار بود شعر عربي را ببلاغت و متانتي که باید گفتي و صاحب دیوان

---

۱ Sir W. O. بمحفل   ۲ Sir W. O. محل   ۳ Keene است

است و در سنجیدن دقایق شعر عربي مثل او ندیده ام و از مصنفات اوست شرح مبسوط بر صحیفه کامله و کتاب بدیعیه وغیر آن بغایت عالي همت و ستوده صفات والحق نادره روزکار بود از مکه معظمه باصفهان آمد و از سلطان مغفور احترام یافت منصب صدارت را اراده تفویض باو داشتند خواهندکان آن منصب کوششها کردند و وسیلهها برانکیختند علو همت آن سید عالیشان از معامله دنیا طلبان پهلو تهي نموده بشیراز و بیضا رفته عزلت کزید تا برحمت ایزدي پیوست القصه چند روز بصحبت ایشان فیض یاب شدم و مودّت و عاطفتي تمام بمن داشت

و حاجي نظام الدّین علي انصاري اصفهاني نیز در آن ۱محال متوطن بود نزد من آمد و بمباحثه شرح تجرید و استبصار حدیث پرداخت و در میانه الفت ۲عظیمه پدید آمد و او بغایت حمیده خصال و عالي فطرت و از دنیا کذشته و جهان دیده بود و من حاشیه بر امور عامه شرح تجرید و رساله تحقیق غذا و رساله منطق‌را در آنجا نوشته ام

---

۱ Sir W. O محل ۲ Keene غطبه

و در آن محال دانشمندي از مجوس بود که ويرا دستور [1]گفتندي و عادت مجوس است که علماء خود را دستور خوانند با من آشنا شد و تحقیق اصول و فروع و اخبار آن مذهب آنچه میدانست از وي کردم بمذهب خود آگاه بود و طبعي مستقيم و زهدي بکمال داشت

و از آنجا باردکان فارس رفتم مولانا عبد الکريم اردکاني را که از عباد و علماي دعوت و [2]اعداد و حروف بود و در نجوم دستکاهي عالي داشت بديدم و مدّتي معاشر و همصحبت بود و از وي استفاده بعض غوامض کرده ام و در همان اوان در سنّ نود سالکي برحمت حقّ پیوست

و در آن قصبه میر عبد [3]النبي اصفهانيرا که ساکن کام فیروز فارس بود بديدم و مدّتي معاشر بود وي [4]سيد صالح اديب محدّث فقيه بود و تتبّع بسيار داشت در آن اوان رساله در مواريث نوشته بود بنظر فقير رسانيد بغايت منقح نوشته بود

---

[1] Sir W. O. خوانندي
[2] These two words are omitted in Keene's Ms.
[3] Sir W. O. الغني
[4] Sir W. O. سيدي

CHAP. XV.

مراجعت بشیراز حرکت از شیراز بفسا ذکر شیخ عارف شیخ سلام اللّه ورود ببلدهٔ ۱کازرون

و از آنجا باز بشیراز معاودت کردم چون در ۲بین مطالعه کتب مختلفه بعض کلمات نادره و تحقیقات شریفه و فواید جلیله ۳نفیسه در یافته مي شد که همه وقت ظفر بر آنها میسر نیست و کمتر کسي را از متتبعین روزگار حاصل میتواند شد و بخاطر قاصر نیز بسیاري از فواید و نکات شریفه و تحقیقات عالیه متفرقه میرسید خواستم که مجموعه مرتب سازم که مشتمل بر نفایس و نوادر باشد و بر جوامع مشهورهٔ افاضل سلف راجح آید پس شروع در تحریر ۴آن کردم و بمدّة العمر موسوم ساختم و بتدریج آنچه لایق سیاق آن بود در آن مندرج میشد در سفر فارس ۵مقداري

---

۱ Sir W. O. کارزون ۲ Sir W. O. عین ۳ Sir W. O. نفسیه
۴ Keene has این ۵ Keene مقداران for مقداري از آن

از آن نوشته شد و همچنین تا ابتداي سال خمس و ثلثين و مايه بعد الالف تخمينًا بهفت هزار بيت رسيده بود كه در آن سال سانحه اصفهان روي داد و با كتابخانه فقير و آنچه بود بغارت رفت و مرا بر تلف شدن آن نسخه تاسّف است چه اكر انجام مي يافت و بنظر افاضل جهان ميرسيد آنرا لايق ذخيره خزاين سلاطين قدر شناس ميبافتند

۱بالجمله از شيراز ببلده فسا كه از كرمسيرات فارس است رفتم و از آنجا عزم بلده كازرون كردم در آن حدود حقيقت حال عارف ربّاني قدوة الكاملين شيخ سلام الله ۲شولستاني شيرازي كه در آن حدود انزوا از خلق كزيده در كوهي مقام كرفته بود در يافتم و بخدمتش شتافتم و از آنچه تصوّر حال كبراي اوليا نموده بودم و در جهان نشان ايشان كمتر يافت شود اورا زياده يافتم سلسله مشايخ وي تا بمعروف كرخي قدس اللّه ارواحهم متسق النظام بود بالجمله چندي در قريهٔ كه قريب بآن مقام بود توقّف داشتم و

---

۱ Sir W. O. بآنجمله ۲ Sir W. O. شوبشتاني

۱ روزها ادراك سعادت خدمتش ميكردم ۲ تا آخر ۳ با عدم قابليت ارادت و اخلاص مرا كه از صفاي طويت بود قبول نمود و شفقت و عاطفت كريمانه فرمود چند شبانروز در همان مكان بسر بردم و تمنّاي آن بود كه در همان مقام ايّام حيات بگذرانم رضا نداد و از آنجا بنوازش بسيار رخصت فرمود و تا اين زمان توفيق حصول سعادتي اگر ميسّر شده باشد از بركات همت و نظر اشفاق آن يگانه آفاق ميدانم و زبان باين مضمون ناطق است

هر چند پير و خسته دل و ناتوان شدم
هر گه كه ياد روي تو كردم جوان شدم
آن روز بر دلم در معني كشوده شد
كز ساكنان دركهٔ پير مغان شدم

پس ۴ بكازرون رفتم از اعيان آن شهر خواجه حسام

---

۱ Sir W. O. روز ۲ Omitted in Sir W. O.'s.

۳ These three words are omitted in Keene's. ۴ Sir W. O. بكارژون

الدّین ۱ کازرونی بود وی را از جوانمردان روزکار دیده ام و با من دوستی تمام داشت و از طلبهٔ آن شهر مولانا محمّد یوسف عارف ۲ کازرونی بود بمراتب متداوله مربوط و خطی بغایت نیکو داشت و طبعش قادر بر نظم و بغایت درویش منش و پاکیزه اختلاط بود در ایّام استیلای افاغنه بشیراز رحلت کرد

---

۱ Sir W. O. کازرونی ۲ Sir W. O. کارژونی

CHAP. XVI.

وصول ¹بشولستان و جهرم رسيدن ببلدهٔ داراب ورود ببلده لار در آمدن به بندر عباسي و عزم سفر حجاز و روانه شدن از راه دريا افتادن بساحل عمّان و ورود بمسقط ورود به بحرين ²ورود به بندر كنك .

پس از آنجا ³بشولستان و بلده جهرم رفتم و از صلحا و علماي آنجا مير عبد الحسين و مولانا محمّد صالح بود بصحبت ايشان رسيدم هر دو ⁴از محدثين ⁵ثقه بغايت پرهيزكار بودند

پس بداراب كه از منزهات آن كرم سير است رفتم والحق بغايت خرّم و معمور است رساله لوامع ⁶مشرقه

---

¹ Sir W. O. بشوبستان ² Sir W. O. وصول ³ Sir W. O. بشوستان

⁴ Omitted in Sir W. O.'s. ⁵ Keene has شفه The true reading may be فقه

⁶ Keene مشرفه Sir W. O. منشرقه

در تحقيق معني واحد و وحدت و چند رساله ديکر در غوامض مسايل الهيه در آنجا نوشته ام

پس بخطه لار رفتم از اعيان آنجا ميرزا اشرف جهان لاري بود مروّت و مکنت بسيار داشت و خالي از فطانت و استعدادي نبود

و هم از اعيان آن بلده بود مير محمّد تقي لاري مشهور که صاحب دستکاهي عظيم و از دنياداران روزکار بود ادني [۱] از چاکران و کماشتکان او صاحبان مال و جاهي موفور بودند و هر دو با من مودّت و الفت بسيار داشتند ميرزا اشرف جهانرا در آخر [۲] سال که بنجف اشرف رسيدم آنجا ديدم که ترك دنيا کرده بلباس فقرا در آن آستانه مقدسه مجاور بود و همانجا مدفون شد و هم در اواخر که نوبت ديکر بلار وارد شدم مير محمّد تقي مذکور فوت شده پسرش مير محمّد نام که بغايت اهل و ستوده صفات بود از حوادث روزکار محتاج بقوت شبانروزي شده در زمرهٔ مستحقين آن شهر بود

---

۱ Omitted in Sir W. O.'s.

۲ Keene has حال

و از افاضل آن بلده مولانا [١]نصر الله لاري بود تلمذ در خدمت بسياري از مشاهير فضلا نموده در فنون [٢]علم مهارت داشت و در آن بلده تا بودم اغلب با من صحبت ميداشت

پس از آنجا به بندر عبّاسي رفتم چند کشتي روانه مکّه معظّمه بود مرا هم همت مصروف آن شد که با قليل زادي که ميسّر بود اختيار آن سفر کنم بکشتي در آمدم هواي دريا و اوضاع کشتي مزاج مرا مختلّ ساخت و رنجي سخت کشيدم و پس از چند روز باران و طوفاني عظيم شد مردم کشتي طمع از حيات بريدند حقّ تعالي نجات داد و بعد از مشقت و صعوبت بسيار بيکي از سواحل عمّان رسيديم عمّانيان که اکثر خوارج و قطاع الطريق بحرند کشتي بگرفتند و اموال بغارت بردند و مردمرا در آن صحرا گذاشتند و برفتند پس از چند روز بمشقت تمام بمسکت که بمسقط مشهور و از شهرهاي ايشان است رسيدم و مدّت يك ماه توقّف کردم که

---

[١] Keene نظر [٢] Sir W. O. علوم

اندك آسودكي حاصل آمد و در آن سال موسم سفر حجاز و ماونت آن نماند عزم مراجعت كردم و ناچار بكشتي سوار شده بجزيرهٔ بحرين آمدم سكنهٔ آنجا اهل ايمان و صلحا مي باشند و علوم عربيت و فقه و حديث في الجمله رواجي دارد و از علما و اعيان آنجا بود شيخ محمّد شيخ الاسلام با من الفتي تمام بهم رسانيد و بالتماس او قريب يكماه توقّف كردم طول آن جزيره بتخمين ده فرسنك و عرضش چهار فرسنك است و همه نخلستان و معمور است و [١]كثرت مردم بسيار و انهار خوش كوار دارد امّا هوايش بغايت كرم و بسبب احاطهٔ دريا ناموافق است

پس بكشتي در آمده به بندر معمورهٔ كنك كه بهترين سواحل فارس است رسيدم و از آنجا عازم سردسيرات فارس شدم و در آن سفر كمتر ناحيه از مملكت [٢]فارس مانده باشد كه نديده باشم

---

[١] Sir W. O. اكثر [٢] Omitted in Sir W. O.'s.

CHAP. XVII.

معاودت بشيراز ورود بدار العباده يزد
مراجعت باصفهان

پس بشيراز [۱] آمدم و خاطر بدان متعلق شده بود که ترك معاشرت خلق و سکني در معمورها کرده در يـکـي از جبال که پناهي و آبي داشته باشد انزوا گزينـم و بـا آنچه رزّاق حقيقي مـقـدر ساخته باشد قناعت کنـم و بيکباره دل از الفت خلق و اوضاع روزگار متنفر و منزجر شده بود احوال دنيارا بـا طبع خـود مـلايم نمي يافتم و هـر جا مي شنيدم که در کوهي [۲] غاري و چشمه و چند درختي هست بديدن آن رغبت ميکردم و عـزم مقام در آن مـکان مـي نمودم آشـنـايـان و پيوسته‌کان مانع مي آمدند و

---

۱ Keene آمده ۲ Sir W. O. و غاري

الفت والدین و افراط محبّت ایشان نیز مانعي قوي بود

و در شیراز بودم که یکي از مراسلات والد مرحوم رسید در عنوان ¹آن این رباعي نوشته بود

رباعي

در دل ز فراق خستگیها دارم
در کار ز چرخ بستگیها دارم
با این همه غم تو نیز پیمان وفا
مشکن که جز این شکستگیها دارم

و در آن سخنان درج بود که دل الفت سرشت‌را بي آرام کرد پس عزم اصفهان کردم و براه دار العبادت یزد روانه شدم

در آن شهر جمعي از افاضل و مستعدّان بودند و مردمي نیکو خصال ستوده اطوار داشت و از بلاد نفیسه عراق است و در آنجا بود رستم مجوسي

---

1 Omitted in Keene's.

منجم مشهور کتب مجوس و حکمي و اسلامي بسیار
داشت و بهئات و نجوم و رمـل و حـسـاب و
ضوابط رصدیه ماهر بود با او صحبت بسیار داشتم و
رصدي که اشمرت مجوسي در سي و چهار هزار سال
پیش از این نوشته نزد وي بدیدم و بنظر اجمالي
در آورده قصور و نقص بسیار داشت بـنـاي ضبط
حرکات را بـر تـاریخ خلقت کیومرث کـه نزد ایشان
ابو البشر و آدم عبارت از اوست نهاده بود و بزعم
وي چهار هزار سال و کسري از آن کذشته ۱ و این
خالي از غرابتي نیست چه جمهور متاخرین مجوس
ابتداء خلقت بشررا این مقدار نمیدانند

---

1 The words hence to the end of the Chapter are omitted in Sir W. O.'s. Ms.

CHAP. XVIII.

مراجعت باصفهان ذكر استاد اجل مولانا محمد صادق رحمه الله ترتيب ديوان ثاني

پس از آنجا عازم اصفهان شدم و بخدمت والدين و ملاقات اخوان و احباب رسيدم و اين از نعمتهاي گرانمايه بود و همچنان در مباحثه و مطالعه و تحرير مقاصد و مسايل علميه مستغرق بودم و با مستعدان آن شهر معظم صحبت ميداشتم در آن وقت والدين خواستند كه تاهل اختيار كنم و در آن مبالغه داشتند و جمعي از اكفا و اعيان خواهش به نسبت نمودند و مرا بسبب ۱ اشتغال و شوق مفرط بعلم رضا بآن نبود و آنرا عايق فرصت ۲ و مانع مي پنداشتم و تجردرا بفراغ و آزادكي انسب يافته چندانكه جهد نمودند راضي نشدم

۱ Sir W. O. اشغال ۲ These three words are omitted in Keene's.

پس بخدمت سلطان المحققین افضل الحکماء الراسخین المولی الاعظم والحبر الاعلم مظهر المعارف والحقایق مکمّل علوم السّوالف واللواحق محی الحکمت ابو الفضایل مولانا محمّد صادق اردستانی علیه الرحمه که از متوطّنین اصفهان و بتدریس زمره از اذکیای افاضل می پرداخت رسیده باستفاده مشغول شدم وی از اساطین حکما بود و قرنها باید که مثل او کسی از ۱میان دانشمندان بر خیزد بمن عاطفتی بی پایان داشت و در خدمتش کتب مشهوره و غیر مشهوره حکمیه نظریه و علمیه بسیار خوانده ام و حق آن فیلسوف کامل بر من زیاده از استادان دیگر است و تا هنگام رحلت استفاده ۲من از خدمت ایشان منقطع نشد در سال اربع و ثلثین و مایة بعد الالف هنگام محاصره اصفهان برحمت ایزدی پیوست

و در آن اوان رساله موسومه بتوفیق که در توافق حکمت و شریعة است و رساله توجیه کلام قدمای حکماء مجوس در مبداء عالم و حواشی بر شرح

---

۱ Omitted in Keene's Ms.

۲ Omitted in Keene's Ms.

حکمت اشراق و روایح الجنان و رساله ابطال تناسخ برای طبیعیین و شرح رسالهٔ کلمه التصوّف شیخ اشراق و حاشیه بر الهیات شفا و فراید الفواید و حاشیه بر شرح هیاکل النور و رساله در مدارج حروف و فرسنامه تحریر نموده ام و غیر اینها از مصنفات بسیار و جواب مسایل متفرقه دیکر که از کثرت در این زمان متذکر جملکی آنها نیستم و اشعاری که در آن مدّت وارد خاطر شده بود باز فراهم آورده دیوانی شد تخمیناً ده هزار بیت و این دوم دیوان این بیمقدار است و مثنوی [۱] ترتیب دیوان ثانی مسمّی بتذکره العاشقین نیز در اصفهان شروع افتاد و افتتاح آن این است

مثنوی

ساقی ز می موحّدانه
ظلمت بر شرك از میانه
[۲] با تیره دلان چو لمعهٔ نور

---

۱ These three words are omitted in Keene's. ۲ Sir W. O. صبا

در نيم شبان تجلّي طور
در ده كه ز خود كرانه كيريم
بيخود رهٔ آن يكانه كيريم
مطرب دم دلكشي به ني كن
اين تيره شب فراق طي كن
از صبح وصال پرده بر كير
شام غم هجر در سحر كير
تا باز رهم ازين جدائي
كيرم سر كوي آشنائي
ساقي [1]قدحي مي مغانه
سر جوش خم شرابخانه
در كام حزين تشنه لب كن
نذر دل آتشين نسب كن
تا رخت كشم بعالم آب
آسوده شوم ازين تب و تاب
مطرب نفست جلاي جانهاست
با مرده دلان [2]دم مسيحاست

---

1 Sir W. O. قدح   2 Both Mss. دمت

تنکیم چو خون مردهٔ در پوست
نشتر برك فسردهٔ نیکوست
دل مردهٔ تن فسردهٔ کور است
آواز نی تو بانك صور است

این مثنوی بتخمین ایکهزار بیت است و متضمن حکایتی است که منقول است از ۲اصمعی که در طریق طایف سنکی دیدم بر آن این بیت نوشته بود

شعر

أَلَا يَا مَعْشَرَ الْعُشَّاقِ بِاللّٰهِ خَبِّرُوا
إِذَا اشْتَدَّ عِشْقٌ بِالْفَتَى كَيْفَ يَصْنَعُ

و تمام قصّه مشهور است

---

۱ Keene چهار ۲ Sir W. O. اصمعی

CHAP. XIX.

رحلت والد علامه طاب ثراه نهضت راقم از اصفهان بشيراز تدوين ديوان ثالث

بالجمله در اصفهان ايام بآرام كذران بود تا آنكه بتاريخ سبع و عشرين و ماية بعد الالف والد علامه طاب ثراه چنانكه كذارش يافت بجوار رحمت حق پيوست و از آن حادثه اختلالي در احوال پديد آمد و بعد [1] از دو سال والده مرحومه نيز رحلت نمود جدهٔ مادري [2] كه ضعيفه پير بود با جمعي وابستكان در آن خانه [3] ماندند و هر دو برادر نيز بتحصيل مشغول و بغايت اهل و ستوده اطوار و نسبت بمن نيكو كار بودند از اين حوادث مرا دماغ شوريده شد و بسر بردن در آن منزل دشوار كشت باز عزيمت

---

۱ Omitted in Sir W. O.'s. ۲ These four words are omitted in Keene's Ms.

۳ Sir W. O. ماند

شیراز کردم و [۱]چندي در آن بلده اقامت نمودم اوضاع آن شهر نیز تغیري یافته اکثر دوستان سابق من در کذشته بودند القصّه خودرا بهر صورت تسلّي مینمودم و برسم عادت کاهي بصحبت علمي و تحریر بعض مسایل مي پرداختم و بي اختیار شعر بسیاري وارد خاطر میشد باز در شیراز آنهارا فراهم آوردم و دیوان [۲]سیوم مرتّب شد تخمینًا سه چهار هزار بیت لیکن خاطر بنوعي از دنیا رمیده بود که انس بهیچ چیز حاصل نمیشد و با وجود جواني بحدّي دنیا و مستلذات آن در نظر [۳]خوار و مکروه بود که پیرامون خاطر نمي کشت و از استیلاي هموم آن شوق و [۴]شغفي که بعلم و تحریر و تقریر معارف بود افسردکي یافت و همواره خواهان آن بودم که دلقي در پوشیده بکوشه انقطاع کزینم و بنابر علاقه باز ماندکان و بیکسي ایشان میسر نیامد

---

۱ Keene has چندین   ۲ Keene سیم

۳ Sir W. O. خار   ۴ Sir W. O' شعفي

CHAP. XX.

معاودت باصفهان ۱حادثه اصفهان و استيلاي افاغنه

بالجمله باز باصفهان مراجعت كردم و برادران و باز ماندكان و دوستان‌را بديدم و بعد از فوت عم عالي مقدار در لاهجان و بتدريج سنوح حوادث و اختلال باسباب مختلفه در اكثر محالات كيلان وجه معاشي كه از املاك موروثي ميرسيد و مدار كذار ۲ما در اصفهان منحصر بهمان بود هر ساله كاستن كرفت و بعد از رحلت والد مرحوم بسبب خرابي آن محال و نبودن شخص كاردان غمخواري در آن ملك خود نقص بسياري ۳بآن راه يافته

۱ This head is entirely omitted in Keene's Ms.

۲ These five words are omitted in Keene's. ۳ Omitted in Sir W. O.

آنچه در سالي میرسید وفا بچند ماهه مصارف لابدیهٔ نمي نمود و آخر بسبب استیلاي جماعت اروس بر آن مملکت و هرج و مرج زیاده چنان شد که بالمره منقطع گردید و اکثر املاك و مستقلات از خیر انتفاع و ۱آباداني افتاد و اندکي که مانده بود آن نیز در تصرف دیگران در آمد و قلیلي که بانصاف خود بصبایا و باز ماندگان عم مرحوم میدادند وفا بمصارف ایشان نمي نمود بهر حال قطع نظر از آن نیز کرده بهر نوع با آنچه در دست ۲بوده اوقات میگذشت و مرا خود طبیعت و فطرت قادر بر تحصیل دنیا نبوده و نیست و توسّل و اظهار حاجت و قبول احسان و مروّت از احدي هرچند سلاطین عالیشان و کرام خلق از دوستان صدیق باشند بموجب حمیّت و غیرت فطري ممکن و مقدور نه و همّت مجبول است باحسان و ایثار بر کافه خلق و با این حال زندگاني به تهیدستي و قصور مقدرت از قدر همّت اشق و اصعب اشیا و سخت ترین بلیاتست

---

۱ Keene آبادي

۲ Omitted in Sir W. O.'s.

از حکیمي پرسیدند که بد حال ترین مردمان در جهان کیست کفت مَنْ بَعُدَتْ هِمَّتُهُ وَاتَّسَعَتْ أُمْنِیَتُهُ وَقَصُرَتْ مِقْدِرَتُهُ و بر فرض محالي که نفس عالي همّتان ناچار به پستي تن در دهد و بتحصیل قدر ضرورت کردن ۱نهد طریق تحصیل از وجوه ستوده در اکثر ازمنه نایابست و اختیار ذلت و زبوني مقدور ۲کرام نیست

بمرد از تهي دستي آزاد مرد
ز پهلوي غیري شکم پر نکرد

و چه نیکو کفته در این مقام شیخ فرید الدّین عطّار

یکي پرسید از آن فرخنده ایّام
که تو چه دوست داري کفت دشنام
که هر چیزي دکر که میدهندم
بجز دشنام منّت مي نهندم

---

۱ Omitted in Keene's Ms. ۲ Keene has کردم

مجملاً چندي بر نیامد که حادثه اصفهان و محاصره آن رخ انموده مجمل آن قضیه که از غرایب احوال روزکار شعبده باز است اینکه

طایفه افغانان قلزهٔ که کمینهٔ رعیت قندهار و برخي از ایشان داخل در سلك سپاه آن سرحد و به چاکري حاکم آنجا قیام داشتند میر ویس نامي رئیس آن معدود بود در شکارکاه قریهٔ ده شیخ بخدعه و تمهید شاه نواز خان امیر الامراي آن سرحدرا بکشت و بر آن قلعه استیلا یافته خزاین موفوره بدست آورد و افاغنه با او موافقت کردند و از پیشکاه سلطان مالك رقاب شاه سلطان حسین صفوي تغمده الله بغفرانه تدارکي که در اطفاي نایرهٔ آن فتنه مي شد ۲منتج حصول مقصود نکشت و افغان مذکور بر آن قلعه استیالا داشت تا در کذشت بعد از او پسر او محمود نام قایم مقام پدر شد و بنواحي خود دست تطاول دراز کرد کاهي بساط سلطنت در آن مملکت میکسترد و کاهي عرایض نیاز

---

۱ Keene نمود

۲ Sir W. O. منتج و

بدرگاه سلطاني ميفرستاد و چون قرنها بود که معموري و آسودگي و اتمام جميع نعمتهاي دنيويه در ممالك بهشت نشان [۱]ايران نصاب کمال يافته مستعد آسيب عين الکمال بود [۲]پادشاه و امراي غافل و سپاه آسايش طلب را که قريب بيکصد سال شمشير ايشان از نيام بر نيامده [۳]بود دغدغه علاج آن فتنه بخاطر نميگذشت تا آنکه محمود مذکور با لشکر موفور بممالك کرمان و يزد رسيد و غارت و خرابي بسيار کرده عازم اصفهان شد و اين در اوايل سال اربع و ثلثين و مايه بعد الالف بود

چون قريب بدار السلطنت مذکوره رسيد اعتماد الدوله با [۴]جميع امرا و سپاه که حاضر رکاب بودند مامور بدفع او شدند و اينهم از اسباب اجراي تقدير بود که بر يك لشکر چندين کس که از رهگذر غفلت و نفاق راي دو تن از ايشان را با هم اتفاق نباشد امير و سردار شوند القصه در نواحي شهر تلاقي

---

۱ Sir W. O. بران ۲ These two words are omitted in Sir W. O.'s.

۳ Both Mss. بود و ۴ Sir W. O. جمع

و افغان غالب و ۱امرا مغلوب شدند و اکثر رعایاي
قراي قریبه مکانهاي خودرا انداخته با عیال بشهر در
آمده خلقي که هرکز خیال اینکونه حادثه نکرده بودند
بهم بر آمدند و چون چشم همکي ۲بر امراي بي تدبیر
بود عامه‌را مجال چاره ۳نکایت خصم از خود نماند محمود
با لشکر خود بر در شهر آمده بعمارات فرخ آباد که
آنهم شهري و قلعه محکم آساس بود مقام کرفت و
آنچه از ضروریات میخواست از دهات معموره قریبه
بخود که بیصاحب افتاده بود بلشکرکاه خویش کشیده
صاحب ذخیره چندین ساله شد و آنچه نمیخواست
تمامي را سوخته نابود ساخت

من چون بدیده بصیرت در مآل آن حال نکرستم
وصیت پدر بیاد آمد و اراده بر آمدن از آنشهر کردم
و در آنوقت حرکت با منسوبان و سرانجام مقدور
بود که راهها هنوز مسدود نشده بود و تا دو سه ماه
بیرون رفتن بسهولت میسر مي شد دوستان و نزدیکان

---

۱ Sir W. O. مغلوب امرا ۲ Sir W. O. بـه

۳ Sir W. O. نکابت

نميكذاشتند و بسخنان دور از كار خاطر رنجه مي ساختند و در آن هنكام صلاح در حركت پادشاه بود چه مجال مقاومت با خصم نمانده و مقدور بود كه خود با منسوبان و امرا و خزاين آنچه خواهد بطرفي نهضت كند تمامي ممالك ايران سواي قندهار در تصرف او بود اكر از آن مخمصه بيرون رفتي سرداران و لشكرهاي متفرقه كل مملكت باو پيوستندي و چاره كار توانستي كرد و الحق تدبير در آنوقت منحصر در اين بود من اين معني را بيكدو كس از محرمان او فهمانيدم و تحريص كردم كه از اين راي در ¹بكذرند و استخلاص اصفهان نيز در اين صورت بود چه بعد از رفتن پادشاه خصم را بر سر اصفهان زياده كوششي فرصت نبود و بفكر كار خود مي افتاد و عامه شهر اورا بهر عنوان از سر خود وا مي كردند و وي ناچار شدي كه از همان راه كه آمده ²و بمرور ايام و سعي موفور آنرا كشاده ³بود بمقر دولت خود باز كردد يا آماده جنكهاي سلطاني شود و بهر صورت تدبيري

---

¹ Sir W. O' نكذرند ² Keene has بود ³ Wanting in Keene's.

سودمند بود و آنهمه خلق بیشمار بسختي تلف نمیشدند امّا موافق تقدیر نیفتاد و چند کس از ناسنجیدگان مانع آمدند تا آنکه شد آنچه شد و چه نیکوست در این مقام کلام حکیم ابو القاسم فردوسي

مثنوي

زمین هست آماچگاهٔ زمان
نشانه تن ما و چرخش کمان
قضا چون در آید براند حذر
قدر چون بجنبد به بندد گذر
شکاریم یکسر همه پیش مرگ
سري زیر تاج و [1] سري زیر ترگ
چنین است کردار چرخ بلند
بدستي کلاه و بدستي کمند
چو شادان نشیند کسي با کلاه
بخم کمندش رباید ز گاه
کجا آنکه بر سود تاجش بابر

---

[1] Sir W. O. سر

کجا آنکه بودي شکارش هزبر
نهالي همه خاك دارند و خشت
خنك آنكه جز تخم نيكي نكشت
زمین کر کشاده کند راز خویش
نماید سر انجام و آغاز خویش
کنارش پر از تاجداران بود
برش پر ز خون سواران بود
پر از مرد دانا بود دامنش
پر از خوبرخ چاك پيرامنش
چه افسر بود بر سرت بر چه ترك
کز او بکذرد پر و پیکان مرك
هر آنکس که دارد بدل هوش و راي
بسازد همي کار دیکر سراي

مجملاً بعد از سه چهار ماه کار محصوران بسختي کشید و ماکولات در آن امصر اعظم که مشحون بانبوهي و ازدحام بیرون از قیاس بود تنقیص یافت و

شهر Sir W. O. ۱

رفته رفته نایاب شد و افاغنه باطراف شهر آگاه شده
در هر دو فرسنك و کمتر از جوانب مکاني استحکام
داده جمعي بنگاهباني گذاشتند و دایم الاوقات فوج
فوج سواران ایشان بنوبت بر گرد شهر در گردش
بودند و در آن وقت مردم از ضیق معاش پیوسته
از هر گوشه و کنار پوشیده و پنهان از شهر بیرون
میرفتند و افاغنه بر کسي ابقا نمي کردند اکثر کسي
جان بسلامت بیرون برده باشد و در شهر چون
اکثر اغذیه نامناسب بکار میرفت هر روز جماعتي
بیشمار باورام و امراض مبتلا گشته هلاك مي شدند
و از فراخ حوصلگي و جوانمردي مردم آنشهر مشاهده
شد که قرص نانی بچهار پنج اشرفي رسیده بود و کسي
از غریب و بومي معلوم نمي شد که بگرسنگي مرده
باشد و احدي سایل بکف نشده بود و آنکه از جوع
بیتاب بود حال خود از آشنایان پوشیده میداشت
تا کار بجائي رسید که یافت نمیشد آنوقت مردم
تلف شدند و آخر چنان شد که اندك مایه مردمي

---

1 The following words including باشد are omitted in Keene's Ms.

ناتوان و رنجور باقي ماندند و از هر طبقه آن مقدار از هنرمندان و مستعدان و افاضل و اکابر و اشراف در آآن حادثه در کذشتند که حساب آن خداي داند و بر من در آن احوال روزکاري کذشت که عالم السراير بدان آکاه است و بر آنچه دست قدرتم میرسید صرف میکردم و بغیر از کتابخانه چنان چیزي در منزل ۲من باقي نمانده بود و با وجود بي مصرفي قریب بدو هزار مجلّد کتاب را نیز متفرق ساخته بودم و تتمه در آن ۳خانه بغارت رفت

القصه در اواخر ایّام محاصره مرا بیماري صعب عارض شد و هر دو برادر و ۴جده و جمعي از مردم خانه در کذشتند و آن منزل خالي شده منحصر بدو سه کس خادمه عاجزه کشت تا آنکه بیماري من روي بانحطاط نهاد و از شدّت اندوه و نقاهت طرفه حالتي بود

---

۱ Sir W. O. این

۲ Wanting in Keene's Ms.

۳ Sir W. O. جا

۴ Sir W. O. جدّ

CHAP. XXI.

بر آمدن راقم حروف از اصفهان داخل [1]شدن محمود باصفهان و جلوس بسلطنت جلوس شاه طهماسب[2] بر سریر سلطنت موروثي در دار السلطنت قزوین ورود راقم بخوانسار رسیدن بخرّم آباد

بر حسب تقدیر در غرهٔ شهر محرم خمس و ثلثین و مایة بعد الالف که پایان آن شدت بود برفاقت دو سه کس از اعاظم سادات و دوستان تغیر لباس کرده بوضع اهل رستاق از شهر بر آمده بقریه که [3]بر دو فرسنگي بود [4]رسیدیم و چند کس از نزدیکان و امرا پادشاه را برداشته بمنزل محمود [5]رفته وي را دیدند

و روز دیگر که پانزدهم شهر محرم مزبور بود محمود

---

۱ Omitted in Keene's Ms. ۲ Keene طهماس

۳ Omitted in Sir W. O.'s. ۴ Sir W. O. رسیدم ۵ Sir W. O. رفت

بشهر داخل شده در سرائي پادشاهي نزول و خطبه و سکه بنام او [۱]شده معدودي [۲]از مردم که مانده بودند امان یافتند و سلطان مغفوررا در کوشه از منازل خود نشانیده [۳]نکهبانان کماشتند و چون در ایام شدت محاصره شاهزاده والا [۴]تبار عظیم الاقتدار شاه طهماسب را با معدودي از مقربان بیرون فرستاده و بدار السلطنت قزوین رسیده بود از استماع این خبر بر تخت سلطنت موروث جلوس نمود

بالجمله فقیر از آن قریه حرکت کرده منازل خطرناك را بمشقت [۵]و صعوبت تمام طي نموده ببلده خوانسار رسیدم و در آن چندي توقف کرده چون زمستان رسیده و راهها پر برف بود في الجمله تدارك سامان سفر نموده [۶]ببلده خرّم آباد که مقر حکومت والي لرستان فیلي است [۷]رسیدم و آن ولایتي است

---

۱ Sir W. O. شد

۲ These two words are wanting in Sir W. O.'s.

۳ Keene نکهبان

۴ Keene بـنـار

۵ These two words are omitted in Keene's.

۶ Omitted in Sir W. O.'s.

۷ Sir W. O. رفتم

ابغایت معمور و ۲در نیکوئی آب و هوا و خرمي مشهور طول آن شانزده روزه ۳راه و عرضش نیز چنانست شهرها و قصبات خوش و مواضع بکیفیت بسیار دارد و از قدیم مسکن احشام فیلیست که از صد هزار خانوار متجاوزند در آن وقت امیر الامراي آن ملك علیمردان خان بن حسین خان فیلي از خانه‌زادان قدیم و امراي بزرك دودمان علیه صفویه بود و با من مودت و الفتي خاص داشت و الحق از شجاعان و مستعدان روزکار بود و در آن قضایا و حوادث که رخ نموده بود خواهش تدارك و علاج در خاطر داشت و با وجود کثرت لشکر و حشر بنابر اسباب عایقه که ذکر آنها طولي دارد مصدر اثري نتوانست شد و توفیق خدمتي نمایان نیافت بالجمله در آن بلده توقف نمودم ۴و طاقت حرکت هم نبود و از شدت آلام و صدمات روزکار پر شور و شر و هجوم ۵اهوال و

---

۱ Sir W. O. معموره without بغایت

۲ Omitted in Sir W. O.'s. ۳ Omitted in Sir W. O.'s.

۴ The و and هم are omitted in Keene's. ۵ Sir W. O. احوال

حادثات عجب حالتي داشتم قواي دماغيه عاطل شده بود و اصلاً معلومي از معلومات من در صفحه خاطر نمانده ساده محض مي نمود و قدرت بر سخن كفتن نداشتم از اثر حيات همين علاقه ضعيفي نفس احيواني را بكالبد نـاتوان باقي مانده بود و تا يكسال چنان بود بعد از آن في الجمله مزاج باصلاح آمد و آنچه‌را شيخ ابن عربي رحمه الله در فص ادريسي از كتاب فصوص الحكم ذكر كرده مرا محقق و معلوم شد و آخر شرحي وافي بر كلام شيخ نوشته ام و بر نـاظران مخفي ۲نمانده كه شرح سوانح و وقايع احوال من از نـوادر و غـرايـب حالات روزكار است و تفصيل آن در حوصله تحرير نـمي آيد و آنچه بقلم وقـايع نكار تواند آمد اكر در آن مسامحه نـشود نيز دفترها بآن مشحون كردد و بعمري از آن فـراغ حاصل نيايد و درين يكدمهٔ فرصت كجا مجال آن كـه شمهٔ كذارش يـابد بتحرير اندك از بسيار و يكي از هزار اقتصار مينمايد

---

۱ Omitted in Keene's. ۲ Keene نماند

مجملاً در خرم آباد جمعي از اغزه و اتقیا و مستعدان مجتمع بودند و با من الفت کرفتند و اعیان و امراي آن دیاررا نیز باوضاع شایسته و اوصاف ستوده یافتم و جمهور ایشان را با من صداقت و ¹اخلاص عظیم ²بود و بصحبت و سیر مشغول میداشتند و بمرور ایام تمامي آن مملکت را دیده ام

از اعاظم سکنه آندیار عمده افاضل کرام قدوه سادات عظّام امیر سید علي موسوي رحمه اللّه و برادرش امیر سید حسین بود وي خلف سید الافاضل میر عزیز اللّه جزایري و قریب بشصت سال بود که در آن بلده سکني داشت و بغایت محترم و مرجع جمهور آن ولایت بود در اکثر فنون علوم مهارتش بکمال و در تقوي و ورع ³بیهمال والحق سیدي بزرک منش عالیشان بود و محبت و الفتش با من بدرجه ⁴رسید که مزید بر آن نباشد و برادر عالیقدارش ⁵از

---

¹ Sir W. O. اخلاصي

² Sir W. O. پدید آمد

³ Sir W. O. یکانه

⁴ Sir W. O. رسیده

⁵ Sir W. O. که از

اعيان و افاضل بود و ساير عشاير او همه از معاشران مخلص من بودند

و در آنشهر اقامت داشت مولاناي فاضل قاضي نظام الدين علي ۱خراساني وي مدتي در اصفهان تحصيل نموده سليقه مستقيمه و مدركي عالي داشت ۲با جمعي ديكر از مستعدان مرا بالتماس مشغول ۳مباحثه ساخته اصول كافي و تفسير بيضاوي و شرح اشارات وغيرها شروع نمودند و از جودت ذهن و فهم او مرا شوقي بمذاكره پديد آمد بالجمله از دو سال افزون در آنولايت اقامت نموده بهر حال اوقات خوش بود و سادات مذكوره و قاضي مذبور در آن ديار روزكاري باحتشام داشتند تا چند سال قبل از ين شنيدم كه بجوار رحمت حق پيوستند

---

۱ Sir W. O. خوانساري

۲ Sir W. O. تا

۳ Keene مذاكره

CHAP. XXII.

لشکر کشیدن رومیان بتسخیر حدود ایران نزول سپاه روم [1] بکرمان شاه ذکر شه از احوال پادشاه و آشوب ممالك ایران ورود سردار دیگر از رومیان با لشکر [2] بیکران بآذربایجان و محاربات پادشاه با ایشان

و از جمله حوادث [3] عظیمه که در آن اوان سانح و باعث ویرانی ایران بل اکثر ممالك جهان گردید حرکت لشکرهای روم بود و مجمل این حادثه آنست که سلطان روم با وجود یکصد ساله صلح دستور که موکد بغلاظ ایمان بود و اظهار موافقت و یکجهتی با سلاطین سلسله علیه صفویه در آن هنگام که اختلالی چنان بدولت و مملکت ایشان راه یافته بود

---

۱ Sir W. O. بکرمانشاهان ۲ Omitted in Keene's Ms.

۳ Sir W. O. عظیمه

و هنوز تدارك آن نشده كم فرصتي و نامردي و بيوفائي را كار فرما شده بعراق و آذربايجان و كرجستان سه چهار سردار عظيم الاقتدار با لشكري كه دست مكنتش بدان ميرسيد بداعيه تسخير كسيل نمود از جمله بتسخير حدود عراق ۱حسن پاشاي حاكم بغداد و بحدود آذربايجان عبد الله پاشاي وزير نامرد شده بود

حسن پاشاي مزبور با صد هزار كس افزون بسرحد عراق در آمده ببلده كرمان شاهان نزول ۲نمود و در آنجا وفات يافت پسرش احمد ۳پاشا كه از شجاعان بود بجاي پدر منصوب شد و بتسخير آن حدود كوشش كرفت پادشاه عاليجاه شاه طهماسب صفوي كه در بدايت شباب و بعد از جلوس سلطنت از حادثه اصفهان و كرفتاري پدر بغايت افسرده و محزون بود يكي از امراي جاهل بخيال آنكه اورا از غصّه و اندوه بر آرد باسباب عيش و طرب دلالت

۱ Keene احسن ۲ Sir W. O. for و نمود has نموده

۳ Keene has پاشاه

كرد و باندك زماني چنانكه در مزاج جوانان خاصيت لهو و لعب [1]است [2]بآن شيوه از حد اعتدال در كذشت و خرد دور بين اينمضمون ميسرائيد

شاها [3]ز مي كران چه بر خواهد [4]خاست
وز مستي بيكران چه بر خواهد خاست
شه مست و جهان خراب و دشمن پس و پيش
پيداست كزين ميان چه بر خواهد خاست

و درين حال پادشاه مذكور در مملكت آذربايجان بود و عزم تدارك استيصال افاغنه داشت رسيدن سردار روم آن عزم لايق را عايق كشته براندن ايشان از آنحدود مشغول شد و لشكر قزلباش را در ركاب آن پادشاه كه در تهور و مردانكي آيتي بود با لشكر روم مكرّر مصافهاي سخت روي داد كاهي غالب [5]و كاهي مغلوب ميشدند و روميان بنابر عدت

1 Omitted in Sir W. O.'s. 2 Keene has آن
3 Sir W. O. بمي 4 In Keene's خواست 5 Sir W. O. و كاه

بيشمار و سامان موفور و رسيدن مدد و معاون ۱ايستادكي داشتند و ۲خزانها بر سر آن كار كذاشتند و هر وهني كه بايشان ميرسيد و هر قدر از ايشان كشته ميشد در جنب آنهايه كثرت بيقياس معلوم نبود و چون آنحادثه ناكهان اكثر حدود مملكت را بيك بار فرو كرفته و مركز دولت و خزاين سلطنت در دست افاغنه بود و بدكاران و شورش انكيزان مملكت كه از بيم سياست در خزيده بودند در آن انقلاب و طوفان حادثه چنانكه رسمست از هر كوشه و كنار سر بطغيان و زياده ۳سري بر آورده شورش انكيزي داشتند ۴لشكر قزلباش و مردان كار و مدبران با هوش و راي در لجه اضطراب افتاده هر كس در هر جا بفكر كار خود فرو رفته بصيانت مال و عيال و حفظ ناموس در ماند و مجال امداد و اتفاق با ديكري ميسر نيامد

---

۱ Sir W. O. ايستادكيها ۲ Sir W. O. خزانهاي

۳ Sir W. O. روي ۴ Sir W. O. اكثر

CHAP. XXIII.

جلوس ملك محمود خان بسلطنه خراسان استيلاي [1]لشكر پادشاه اروس بر [2]كيلان آرام كرفتن افاغنه در اصفهان و تسخير نمودن اطراف خود

و در آن هنكام مملكت خراسان نيز كه از آن دو فتنه بزرك بر كران بود بسبب شورش و دعواي استقلال سي هزار [3]كس افاغنه ابدالي در دار السلطنه هرات و طغيان ملك محمود خان والي ولايت نيمروز در مشهد طوس بهم بر آمد و سكنه آن مملكت كرفتار آشوب شده كشش و كوشش عام شد

و در [4]ممالك طبرستان و كيلان علّت وبا شيوع يافته تا ده سال امتداد داشت و خلقي بيحساب در كذشتند و سرداران پادشاه اروس با لشكر انبوه از

---

۱ Omitted in Keene's.

۲ Sir W. O. كيلانات

۳ Omitted in Sir W. O.'s.

۴ Sir W. O. ملك

[۱]دریا بر آمده بر اکثر بلاد معتبره کیلان استیلا یافتند و در آن اوان هجده کس صاحب جیش و حشم معدود شد که در ممالك ایران داعیه پادشاهي و سروري داشتند سواي غارتکران پادشاه صفوي نژاد درین حوادث هایله دست و پاي میزد و بر سر هر یك از دشمنان قوي بقدر مقدور لشکري میفرستاد که زیاده خصم را مجال تعدي ندهند و خود در بلاد آذربایجان با عساکر روم در آویخته بود و رومیه بر بسیاري از آن مملکت استیلا داشتند

و در ین فرصت جماعت افاغنه که مالك تختکاه اصفهان شده بودند آسایش یافته بتسخیر بعض نواحي خود از عراق و برخي از مملکت فارس پرداخته توسعي [۲]در ملك ایشان پدید آمد و جمعي از تبه کاران طوعًا و کرهًا بایشان که جماعت کودن صحرا نشین بودند پیوسته قوانین سلطنت و جهانداري و راه و رسم معیشت و دنیاداري تعلیم نموده طریق تقلید قزلباش پیش کرفتند لیکن از سفالت و [۳]رذالت

---

۱ Sir W. O. دیار ۲ Sir W. O. که در ۳ Sir W. O. رزالت

اندك چيزي در ۱نظر ايشان بغايت عظيم و عزيز و از تنك حوصلكي و ناكسي اكر در شهري اندك مايه ۲جمعتي دست ميداد از بيم ناكهان بقتل عام ميپرداختند و اين معامله در اصفهان بكرات واقع ۳شد و از دناءت چيزي بكسي نميكذاشتند و آنمايه اموال و خزاين و نفايس اندوختند كه محاسب وهم و قياس از تصور آن عاجز است و مردمرا هيچكونه آرامي از ستم آن شوربختان نبود و رعيت بجان رسيده كاهي ۴بقتل ايشان كمر مي بستند

دار السلطنه قزوين را كه بتصرف آورده بودند روزي عوام و مردم بازار بهم بر آمده شمشير در افاغنه نهادند و چهار هزار تن كمابيش بكشتند و شهر بضبط خود آوردند پس از چندي باز لشكر بر سر آنشهر كشيده بعهد و پيمان متصرف شدند

و همچنين در قصبه خوانسار عوام شوريدند و جمعي از افاغنه را با حاكم و سرداري از ايشان كه وارد

---

۱ Sir W. O. تسطير ۲ Sir W. O. جمعيتي

۳ Sir W. O. شده ۴ Keene بقتال

شده بجاي ميرفت در ميان كرفتند و در يكروز سه هزار تن بكشتند

و از غرايب اينكه بعض دهات حقيره كه بهر نوع ذخيره [1]آذوقه داشتند در مدت هفت سال كه استيلاي افاغنه [2]واقعه بود حصار نااستوار خودرا حراست نموده جز صفير تفنك از ايشان بافاغنه نرسيد و چندانكه در تسخير آن قريها در آنمدت مديده كوشيدند سود نداشت

و ايشان پيوسته در تك و تاز بودند و با وجود غلبه كاهي از بيم و هراس و كاهي از دست برد رعيت و سپاه آرامي نيافتند و چند مرتبه كه لشكر قزلباش بر سر ايشان تاخت بر حسب تقدير كاري از پيش نرفت

---

1 Sir W. O. آووقعه

۲ Omitted in Keene's.

CHAP. XXIV.

مقتول شدن پادشاهزادکان دیوانه شدن محمود و مردن وي جلوس اشرف افغان بر تخت اصفهان جنك احمد ¹پاشا با افغان و هزیمت رومیان مقتول شدن سلطان مغفور

محمود نابکار پس از دو سال از سلطنت اتفاقیه بقتل پادشاهزادکان صفوي که محبوس بودند فرمان داد سي و نه نفر صغیر و کبیر سید بیکناه‌را بقتل ²رسانید و از غرایب اینکه در همانشب حال بر وي کشته دیوانه شد و دستهاي خودرا خائیدن کرفت و کثافات خودرا خوردي و بهر کس دشنام و یاوه کفتي و در این حال بمرد اشرف نامي از ایشان بجاي او نشست و بشجاعت و تدبیر موصوف بود از اهل عراق و فارس طوعًا و کرهًا جمعي را بملازمت

---

¹ Sir W. O. پادشاه ² Sir W. O. رسانیدند

کرفت و سپاهي موفور آراستـه فراهم آورد و اکثر فـارس را مسخر سـاخـت و در کار او رونـقي عظيم پـديـد آمد احمد [۱]پاشا سردار روم با لشکري عظيم بر سر او رانـده در نواحي قصبه انجدان مصاف دادند اوّل بضرب توپخانه روميان شکست در افاغنه افتاد و از جاي خود عقب تر نشستند چون شام شد اشرف مذکور باز صف سپاه آراستـه بآيين قزلباش از هر سو ولولهٔ رعد آواي کرّنـا و کوس در افکنده بر سپاه روم راند [۲]احمد پاشا و روميان بهزيمت رفتند و آخر در ميانه مصالحه شد

پس اشرف مذکور سلطان مغفور شاه سلطان حسين را [۳]در اصفهان بقتل رسانيده نعش اورا بدار المومنين قم فرسـتـاده دفن کردند و بـاقـتـدار بود تـا از پادشاه عاليجاه شاه طهماسب منهزم و مستاصل کرديد [۴]و ذکر آن بيايد

---

۱ Sir W. O. پادشاي ۲ Sir W. O. پادشاه روميان

۳ These two words are omitted in Keene's Ms.

۴ This clause is omitted in Sir W. O.'s. Ms.

CHAP. XXV.

ذکر بعضي از افاضل و اعیان معاشران

اکنون ذکر معدودي از اعیان که با ¹این فقیر دوستي داشته پیش از حادثه اصفهان و در آن سانحه در کذشته اند مي نماید از آنجمله مولاناي فاضل میرزا عبد الله مشهور ²بافندیست بفنون متداوله ماهر و بغایت ³متتبع بود و در اصفهان در جوار منزل خود مدرسهٔ عمارت کرده بافاده اشتغال و روزکاري مهیّا داشت چون ببلاد روم افتاده علماي آنجا بدانش او آکاه شده بودند بقاعده خود وي را ⁴افندي خطاب داده باین لقب معروف شده بود با من الفت تمام داشت ⁵تا چندي پیش از آشوب اصفهان رحلت کرد.

---

¹ Wanting in Sir W. O.'s. ² Sir W. O. باقندیست ³ Sir W. O. متبع

⁴ Both Mss. اقندي ⁵ Omitted in Keene's.

دیکر سید فاضل میر محمد صالح شیخ الاسلام اصفهانیست حاوي علوم شرعیه و روزکاري بعزّت داشت قبل از آن سانحه در کذشت و چند کس از اولادش نیز ۱بجوهر فضل آراسته با من مودّت داشتند و قریب بحال تحریر در کذشتند

دیکر سید عالم میر محمد باقر خلف میر اسمعیل حسیني اصفهانیست از مشاهیر علما و در زمان سلطان مغفور نهایت عظمت و اعتبار داشت تدریس مدرسه سلطاني باو مرجوع و بافاده مشغول بود چندي قبل از حادثه اصفهان در کذشت

دیکر عمدة المجتهدین مولانا بهاء الدین محمد اصفهانیست مدتها بود که بافاده ۲معالم دینیّه مشغول و در شرعیّات مرجع اهل زمان خود بود و اخلاقي بغایت ستوده داشت با فقیر عطوفت بسیار میفرمود چون در ۳صغر سن با والد خود بهند افتاده بود بفاضل هندي مشهور بود چندي قبل از حادثه اصفهان در کذشت

---

۱ Sir W. O. بزیور ۲ Sir W. O. علوم ۳ Sir W. O. صغیر

دیکر سید عالیشان میرزا داوٗد خلف مغفور میرزا عبد اللّه است وي از سادات عظیم القدر و از طرف اجده[1] منسوب بسلسله علیه صفویه و خود بمصاهرت سلطان مغفور ممتاز و منصب تولیت مشهد[2] مقدس رضوي باو مفوض بود بلطف طبیعت موصوف و اشعارش مشهور و بحلیهٔ کمالات صوري و معنوي آراسته روزکاري بعزت و احتشام داشت تا آنکه قریب بسانحه مذکوره بعالم بقا رحلت نمود

دیکر مرحمت پناه میرزا سید[3] رضا حسني است وي از سادات حسنیه اصفهان و آن سلسله از قدیم الایام از اعاظم و اکابر آن شهر بوده اکثر از افاضل جهان و اغلب منصب صدارت در آن خاندان و در باب ایشان و صاعدیه کفته اند

میر میرانیان و صاعدیان
پادشاه هند و پادشاه نشان

---

۱ Sir W. O. جدّ ۲ Sir W. O. مقدسه رضویه

۳ Sir W. O. رضاي حسیني

بالجمله سید مذکور از شکفته طبعان روزکار و ایامي مهیّا بعزت و احترام داشت و مودت و اختصاص ویرا نسبت بمن پایاني نبود قریت بحادثه مذکوره رحلت کرد

دیکر فاضل ۱نحریر میرزا کمال الدین ۲حسین فسوي است که از استادان من بود در سن کهولت در ایام محاصره برحمت ایزدي پیوست

دیکر حکیم دانشمند جامع فضایل و مرجع افاضل مولانا حمزهٔ کیلانیست که از اعاظم تلامذه فیلسوف اعظم مولانا محمد صادق ۳اردستاني علیه الرحمه و از اصدقاي من بود ویرا در اواخر ایام محاصره رحلت افتاد

دیکر مولانا محمد ۴رضا خلف مرحوم ۵مولانا محمد باقر مجلسي است بحلیه علم و خصال حمیده آراسته بتدریس مشغول و بعلو همت موصوف بود در سانحه مذکوره با دو برادر عالیمقدار و جمعي از اولاد و

---

۱ Sir W. O. تحریر ۲ Sir W. O. محمّد ۳ Keene اردوستاني

۴ Sir W. O. رضاي ۵ Sir W. O. مولاناي

اقربا که همه از معاشران و دوستان صمیم من بودند رحلت نمودند

دیگر مولانای فاضل مولانا محمد تقي طبسي است وي از مشاهیر فضلا و در فنون علوم صاحب دستگاهي عظیم بود در اصفهان توطن اختیار و بافاده اشتغال داشت و در آن حادثه برحمت ایزدي پیوست

دیگر امیر زادهٔ اعظم عالیجاه مصطفي قلیخان خلف امیر الامراي ۱مرحوم سارو خانست صفات حمیده و اخلاق ستوده و استعداد ذاتیه اورا بیان نتوانم کرد و انس و مودتش را با من پایانی نبود بمنصب پدر رسیده در دست افاغنه بدرجه شهادت فایز گردید

چون شمه از این ۲احوال نگارش یافت اکنون بر سر سخن نخستین رفته بقیه سرگذشت مرقوم میگردد

---

۱ Omitted in Keene's Ms. ۲ Sir W. O. حالات

CHAP. XXVI.

بقيه احوال راقم در ايّام اقامت خرّم آباد احاطهٔ رومیان دار السلطنت همدان را مسخر ساختن همدان و قتل عام در آن

مجملًا در خرّم آباد بودم که آتش فتنه روميّه در آن حدود اشتعال [۱]يافته و کاهي تاخت لشکريان ايشان بنواحي [۲]آن بلده ميرسيد علي مردان خان امير الامراي مذکوررا بخاطر رسيد که چون محاربه با روميه در [۳]اين وقت کاري بزرگ است انسب بصلاح حال اينکه بطرفي از آن مملکت که [۴]جبال صعب المسالك است با جمعيتي انبوه رفته بلده خرّم آباد و نواحي آن را که قريب بلشکرگاه روميه است خالي و خراب افکند و باين عزيمت با سپاه

۱ Keene يافت ۲ Omitted in Sir W. O.'s.

۳ Sir W. O. آن ۴ Sir W. O. خيال

و متعلقان حرکت کرده باقضاي آن مملکت رفت و امیر حسن بیك سلیورزي را که از امراي آن قوم بود در شهر کذاشت که عامه را کوچانیده شهر و قلعه را خراب ساخته باو پیوند و سکنه شهر در اضطراب افتادند و اکثر ایشانرا طاقت حرکت نبود و از دهشت رومیه اطمینان هم نداشتند و فزع قیامت بر ۱خاست امیر حسن بیك مذکور بمنزل من آمد و مردم شهر نیز جمع آمدند و از هر کونه ۲کفتکوي در میان کذشت من حرکت مردم را بیرون از قدرت ایشان دیدم و خرابي آن شهر را که رشك کلستان ارم بود و خلقي عظیم را خراب تر از آن بدست خود نمودن و عجزه و اطفال و عیال ایشان را سر بصحراي هلاکت دادن نه پسندیدم و امیر مذکور را اشارت ۳بماندن و حراست خود و مردم را دلالت و تحریص باتفاق و سامان یراق و پاس حزم و مردانکي نمودم ۴سخنان من موثر و مقبول همه افتاد

---

۱ Keene خواست ۲ Keene کفتکو ۳ Sir W. O. نماندن
۴ Keene سخنان آن without من

و با هم عهد و پیمان کرده هر کس سلاح و یراق
حرب بر خود آراست و در آن کوشش تمام نموده
طرق عبور دشمن‌را بقدر مقدور مسدود و حصار و
منافذ شهر و قلعه‌را مستحکم ساخته بلوازم آن
پرداختند و آن مقدار ایشان‌را تشجیع و تحریص
کردم که بیوتوفان ایشان باندك روزي در استعمال
اسلحه ماهر و چنان دلیر شدند که با سپاهي کران
اکر روي میداد کارزار میکردند و مردم آرام کرفته
شهر بمعموري اوّل کرائید و خود هم اکثر شبها با
ایشان در پاسداري و روزها در سواري موافقت
میکردم جماعت رومیه چون از استعداد مردم واقف
شدند و نام کثرت الوس فیلي و صعوبت مسالك آن
مملکت و بودن حاکمي مثل امیر الامراي نام آور
مذکور در میان ایشان بلند آوازکي داشت اندیشناك
شدند و دیکر متعرض آن حدود نکشته بسایر اطراف
پرداختند امیر الامراي مذکور چون دید که مردم
شهر بجاي خود ماندند مکرر ایشان‌را ۱ تحذیر کرد

---

۱ Sir W. O. بتجدید

و کسي بدان التفات ننمود بعد از شش ماه که در کوهستان محنت بسیار ۱کشیده خود نیز بشهر آمد و آن راي را مستحسن شمرد

و رومیه بمحاصره همدان که سواد اعظم و از بلاد معتبره عراق است پرداختند و در آن وقت حاکمي و لشکري در آن شهر نبود سکنه و عوام شهر بمدافعه بر خاستند و مدّت محاصره ۲بچهار ماه کشید و جمعي از رومیه را محصوران به تیر و تفنك بکشتند و چندانکه ۳احمد پاشاي سردار ایشان را باطاعت خواند در نگرفت رومیه که از صد هزار افزون بودند و در قلعه گیري شهرهٔ جهان در تسخیر کوشیدن گرفتند و یك طرف حصاررا بآتش باروت فرو ریخته بشهر در آمدند و قتل بنیاد کردند مردم شهر نیز دست باسلحه که داشتند برده از هر سو روي بایشان نهادند و چون کار از دست رفته بود بر آن کوشش فایده مترتب نشده همکي در مبارزت بقتل رسیدند افراط قتل رومي در آن شهر و ایستادکي و مردانکي مردم آنجا از مشهورات

---

۱ Keene کشید ۲ Sir W. O. بچار ۳ Sir W. O. سردران

و نوادر روزکار است تا سه روز این هنکامه در آن شهر بر پا بود و هیچکس از ایشان روي نکردانید تا همه کشته شدند مکر اندك مایه مردمي که آمان یافته باطراف رفتند و در آن وقت جماعتي کثیره نیز از اطراف و جوانب عراق در آن بلده جمع آمده بودند و حساب مقتولین آن قضیه را علام الغیوب داند آن مقدار از مشاهیر سادات و افاضل و اعیان بقتل رسیدند که تخمین آن دشوار است تا بسایر الناس چه رسد از جمله فاضل نحریر علامه بي نظیر میرزا هاشم همداني علیه الرحمه بود که از دانشمندان روزکار و اصدقاي حقیقي این بیمقدار بود و هم از جمله مقتولین بود مولاناي عارف عابد مولانا عبد الرشید همداني که از عدول خلق و در علوم شرعیه مرتبه عالي داشت و [۱]هم از جمله مقتولین بود نادرهٔ آفاق مولانا علي خطّاط اصفهاني که ذکر او بتقریبي کذشت وي باکثر علوم مربوط و جمیع خطوط را [۲]چنان مي نوشت که تا آن زمان هیچ یك از متقدمین را

---

۱ Omitted in Keene's. ۲ Sir W. O. چنین

آن درجه میسر نیامده و جامع جمیع کمالات و از
بدایت حال از دوستان و معاشران من بود بالجمله
از استماع قضیه هایله همدان اضطراب بحال ۱سکنهٔ
آن حدود ۲بلکه بتمامي ایران راه یافته مردم خرم
آباد متفرق شدند و حاکم نیز از آن شهر بیرون
رفت

---

۱ Omitted in Keene's Ms. ۲ Sir W. O. و بلکه تمامي

CHAP. XXVII.

روانه شدن راقم بهمدان مراجعت از همدان بنهاوند رفتن بولایت بختیاري ورود بخرّم آباد ورود ¹بدزفول ورود بشوشتر ورود بحویزه ورود ببصره سفر دریا بعزیمت مکّه معظّه ورود ²به بندر موخا رفتن به ³تعض و صنعا ⁴مراجعت از یمن به بندر موخا و از آنجا ببصره معاودت بحویزه و شوشتر

چون جمعي کثیر از معارف و آشنایان من در قضیه همدان در ⁵کذشته عیال ایشان در زمرهٔ کرفتاران ⁶بودند مرا عزم رفتن بآن دیار ⁷باستعلام حال و استخلاص کرفتاران بقدر طاقت و توان ⁸حزم شده

---

۱ Both Mss. have بذرقول ۲ Sir W. O. ببلده ۳ Keene تعیض

۴ This head is omitted in Sir W. O.'s. ۵ Keene کذشت

۶ Sir W. O. بود ۷ Sir W. O. و استعلام ۸ Keene جزم

بصوب همدان روانه شدم و با مردم خود و جمعي که رفیق راه شده بودند هفتاد سوار ۱بودیم طرق و مسالك چنان پر فتنه و آشوب بود که عبور دشواري داشت در یکدو منزل دوچار عساکر رومیه و محصور شدیم و ۲تلاشهاي سخت و زحمتهاي صعب کشیده حق تعالي نجات داد و بهمدان ۳رسیدیم جمعي از معارف بلده کرمانشاهان وغیرها که ناچار همراه ۴پاشا و عساکر روم بودند و سابقه معرفتي داشتند متفق شدند و در فکاك بعض گرفتاران کوشش بسیار کردیم تا جمعي بهر وسیله مستخلص شده بامني رسیدند و در آن حال بر من مشقتي و اندوهي و بلیه گذشت که خداي داند در ۵بعض شوارع آن شهر ۶از بسیاري ۷اجساد کشتگان که برزبر یکدیگر ۸افتاده مجال عبور نبود و اکثر مواضع بنظر ۹آمدند که در آن

---

۱ Sir W. O. بود بیم   ۲ Sir W. O. زحمتها—تلاشها

۳ Sir W. O. رسیدم   ۴ Sir W. O. پادشا   ۵ Omitted in Sir W. O.'s.

۶ These two words are wanting in Keene's.   ۸ Sir W. O. احبّا و

۸ Keene افتاده بود   ۹ Keene در آمد

حادثه همدانیان چون ۱سرکوچهاي بر رومیان گرفته مدافعه مي کرده اند و چندانکه کشته مي شده اند دیگران بجاي ایشان ۲بمقابله مي ایستاده اند تا سر دیوارهاي بلند اجساد کشتگان بود که بر فرازهم ریخته ۳بودند بالجمله مرا در ۴میانه رومیان بسر بردن ۵با وجودي که جمعي ۶از ایشان آشنا شده احترام مي داشتند بلیه عظمي بود از میان ایشان بر آمده بمشقتي تمام ببلدهٔ نهاوند که تا آن زمان بتصرف رومیان در نیامده بود رسیدم و در آنجا بود مولاناي فاضل مرحوم قاضي ابراهیم نهاوندي در آن وقت متصدي شرعیات آن بلده والحقّ از نیکان و جامع کمالات بود چند روزي در آن بلده که مکاني خوش است اقامت نموده با مولاناي مذکور صحبت داشتم

و از آنجا بالکاي بختیاري که معروف بلر بزرك است در آمدم در آن هنکام عالیشان محمد حسین

---

۱ Keene سرکوچها
۲ Keene بمقاتله
۳ Keene بود
۴ Keene معسکر رومیان بودن
۵ Keene با آنکه
۶ Omitted in Sir W. O.'s.

خان در میان ایشان حاکم بود بر بسیاري از آن ملك عبور کردم و امرا و اعیان آن قوم مودّتي تمام داشتند امّا اقامت در آن حدود مرا خوش نیامده ملول شدم و همّت بر آن کماشتم که بعراق عرب در آمده ادر[1] مشاهده مقدّسه آنجا توطّن نموده بقیه عمر بکذرانم پس باز ببلده خرّم آباد رفتم و آن شهر را از دهشت آسیب سپاه روم خالي دیدم عازم شوشتر و ممالك حوزستان شده بقصبه [2]دزفول که از ملحقات شوشتر است رسیدم حاکم آن دیار ابو الفتح خان از غلام زادکان صفویه که جوان هوشمند بود در آن بلده اقامت داشت با من الفت بسیار کرفت و از اعیان آنجا بود سیّد فاضل میر عبد الباقي و جامع الکمالات قاضي مجد الدّین [3]دزفولي که از آشنایان قدیم من بود و از آنجا ببلده شوشتر رفتم جماعتي کثیره از سادات و اعیان آنجا الفت کرفتند و چندي توقف کردم و از ایشان بود سیّد فاضل سیّد نور الدّین بن سید نعمت الله جزایري رحمه الله و با من

---

[1] Keene بمشاهده [2] Sir W. O. ذرقول [3] Sir W. O. ذرقولي

مودتي موفوره داشت و هم از ايشان بود ميرزا محمّد تقي و ميرزا عبد الباقي ¹مرعثي پس بشهر حويزه رفتم سيد محمّد خان بن سيّد ²فرج الله خان مشعشع در آن مملكت والي بود مراسم مودّت تقديم كرد و از افاضل آن بلده بود شيخ يعقوب حويزاوي در فنون ادبيّه و حديث و فقه و مغازي و ³سير و انساب مهارت و حفظي قوي داشت پس ببصره شدم و عازم رفتن ببغداد بودم كه سفينهٔ روانه يمن بود و جمعي بعزيمت حجّ سوار ميشدند مرا هم آرزوي قديم در هيجان آمد و تدارك زادي نموده ⁴قليلي كه داشتم باهل سفينه داده بكشتي در آمدم و از حادثهٔ طوفان و مشقت كه سفر دريا خالي از آن كمتر تواند بود مريض و ناتوان شدم و عاجز و رنجور بعد از چهل روز بساحل بلاد يمن كه بندر موخاست رسيدم و از كشتي بر آمده در آن بلده مريض افتادم

---

¹ Sir W. O. either the same or مرعشي ² Sir W. O. فرح

³ Keene سير انساب ⁴ The following words, including داده are omitted in Keene's Ms.

و چون هوا موافقت نداشت بدلالت بعض مردم
از آن شهر بيرون رفته بمعوره تعِض كه در ولايت
يمن بنزاهت هوا و خرمي مشهور است رفتم در
آنجا صحتي روي داد و موسم حج خود در كذشته
بود بتقريبي تا بلده[۱] صنعا كه مركز دولت [۱]و مقر
صاحب يمن است رفتم و از مشايخ كرام شيخ حسن
بن سعيد [۲]اولسي يمني امامي عليه الرحمه در آن بلده
اقامت داشت و شفقتي خاص نسبت باين بيمقدار
ميفرمود باز مراجعت [۳]از يمن به بندر موخا و از
آنجا ببصره نموده با سفايني كه روانه بصره بود
معاودت كردم و در آن سال نيز از سعادت حج
محروم ماندم و در آن وقت از بصره ببغداد رفتن
بسبب موانع طرق مقدور نبود و بصره چون بر ساحل
بحر و هواي نا موافق داشت مرا خوش نبود ناچار
بحويزه و شوشتر باز كرديده حيرتي در آشوب
جهان و سركرداني خود داشتم و در هيچ كوشه قرار

۱ These two words are omitted in Sir W. O.'s. ۲ Sir W. O. اويسي

۳ For these words down to نمود Keene has only بموخا

[1]نمي يافتم چنانكه از مضمون اين رباعي من ظاهر است

آنم كه بملك نيستي سلطانم
با سامانم اكرچه بي سامانم
ماننده‌ٔ آسيا درين ملك خراب
سر كردانم كه از چه سر كردانم

و اهالي اكثر اماكن بسبب الفت چون خواهش بتوقّف من داشتند دلالت [2]بكدخدائي مينمودند و مرا نظر باحوال خود و اقتضاي زمانه پر آشوب و فرط غيرت مرغوب نبود و در ميانه ايشان ماندن بجهات مكروه و صعب مي نمود

---

١ Sir W. O. نيافتم

٢ Keene بكتخدائي

CHAP. XXVIII.

۱ذكر صابيان روانه شدن از شوشتر بلرستان آمدن
۲احمد ۳پاشا بلرستان و تسخير آن ديار نهضت
راقم با عساكر روم از لرستان بكرمانشاهان استيلاي
روميان بر حدود عراق و كوشش رعايا با ايشان
محاربات سبحان ويردي خان با روميان

و در حويزه و شوشتر و ۴دزفول جمعي از صابيه
مي باشند والحال در همه آفاق سواي اين سه بلده
در مكاني ديكر نشاني از ايشان نيست چندانكه
تفحّص كردم عالمي در ميان ايشان نمانده بود و
عوام فرومايه بودند و صابيه ملّت صاب ۵بن
ادريس عليه السّلام ۶است و صاب بروايت بعض

---

۱ This head is wanting in Sir W. O.'s.

۲ Omitted in Keene's.

۳ Sir W. O. پادشا

۴ Sir W. O. درقول

۵ Keene باشد

۶ Wanting in Keene's.

اصحاب سیر پیغمبر بوده و طایفه ویرا از حکما شمرده اند و صابیه کویند اوّل انبیا آدم علیه السّلام و آخر ایشان صاب بوده و ایشانرا کتابیست مشتمل بر یکصد و بیست سوره و آنرا زبور اوّل خوانند و عقیده ایشان اینکه صانع عالم کواکب و افلاك بیافرید و تدبیر عالم ایشانرا کذاشت و پرستش ستارکان کنند و براي هر کوکبي شکلي معیّن نموده هیاکل سازند و کویند صورت فلان ۱او فلان کوکب است و در ضراعات و توسلات بهر یك آداب و عبارات دارند و محققان ایشان کویند که سجده و پرستش کواکب و هیاکل نکنیم بلکه آن قبلهٔ ماست و جمیع این طایفه قایلند بتاثیرات اجرام علویه و هیاکل سفلیه ۲یعني تماثیل و اصنام و در سالف زمان حکما و علماي عالیشان در این طبقه بوده که صاحبان علوم مکنونه بوده اند

مجملاً از شوشتر باز بلرستان فیلي در آمدم و بیمار بشهر خرّم آباد رسیدم و چنان مریض بودم که آوازه

---

۱ Omitted in Sir W. O.'s. ۲ Keene اعني

رسيدن احمد ۱ پاشاي سردار لشكر روم بآن شهر شهرت
كرفت اندك مايهٔ مردمي كه بودند راه فرار پيش
كرفته بكوهستانهاي صعب رفتند و تنها من با چند
خدمتكاران شهر بوديم كه سردار با لشكر بيحساب
روميه در رسيده فرود آمدند و من تنها در ۲آن شهر
ماندن را صلاح نديده بميانه لشكر روم در آمده
اقامت كردم سردار چند كس از مردم آنجارا پس
از چندي بدست آورده نويد عاطفت داد و
اندك مايه مردمي جمع آمده از روميه كسي را ۳در
آنجا حاكم كذاشته مراجعت ۴كرد و من با همان لشكر
مرافقت كرده بكرمان شاهان ۵رسيدم و در آن راه
بمن از ناتواني و رنجوري و شدّت سرما كلفتي
سخت ۶رسيد و سردار مذكوررا با من الفتي پديد
آمده احترام ميكرد و جماعتي از ايشان با من آشنا
و معاشر بودند و با ايشان بود ۷عبيد الله ۸افندي

---

۱ Sir W. O. شاهي ۲ Omitted in Keene's

۳ Sir W. O. حاكم آنجا ۴ Sir W. O. كردند ۵ Sir W. O. رسيديم

۶ Sir W. O. رسيده ۷ Sir W. O. عبد ۸ Keene اقندي

قاضي عسکر روم و [۱]بعلم و فضل در مملکت روم شهرتي تمام داشت با من آشنا شده الفت [۲]بسیاري کرفت و اکثر سخنان علمیه بمیان مي آمد ویرا قطع نظر از ریاست و جاه و اعتباري که داشت بغایت فرومایه و از علم بیکانه یافتم سرمایهٔ او منحصر بود بضبط چند مسئلهٔ متداوله از فقه حنفیه و بس و مشهوران بعلمرا در میانه آن قوم هر کرا دیدم چنین یافتم آري در میانه ایشان بود عبد اللطیف چلبي بغدادي وي در علوم ادبیه و شعر عربي ماهر بود

بالجمله چندي در کرمانشاهان بسر بردم و رساله مفرح القلوبرا در مجربات و فواید طبّیه و رساله تجّرد نفسرا در آن بلده نوشته ام و در آنجا بود سیّد فاضل امیر صدر الدّین محمّد قمي اصفهاني که مدرّس بلده همدان و از آن بلیّه نجات یافته بکرمان [۳]شاه آمده بود والحقّ از متبحرین علما است و با من الفتي تمام داشت والحال ساکن نجف اشرف شده در حیاتست

---

۱ Sir W. O در علم ۲ Sir W. O. بسیار ۳ Sir W. O. شاهان

و در آن وقت رومیه بر کل قلمرو علي شکر و لواحق و کردستان و لرستان و نواحي استیلا داشتند و همه را بکوشش و کشش بتصرف آورده بودند و رعیت مطیع نمیشد و با رومیه نمي آمیختند و ویراني تمام بآن [1] ممالك رسیده بود قصبه [2] یزدجردرا که متصرف شده حاکمي مستقل در آنجا داشتند روزي اوباش و مردم بازار [3] تمام شوریده بر رومیان هجوم آوردند و چهار هزار کس [4] از ایشان بکشتند و آخر پنج هزار تومان باحمد پاشاي سردار جریمه داده اطاعت کردند

و از امراي قزلباش سبحان ویردي خان بن ابو القاسم خان حاکم سابق همدان که در آن وقت منصبي و سپاهي نداشت مردم متفرقه فراهم آورده در آن نواحي با رومیه مدتها در ستیز و آویز بود از سیصد مصاف افزون با رومیان داد و هر دفعه جمعي انبوه بکشت و چون سردار با لشکر بیکران روي بوي آوردي خودرا بکناري کشیدي والحق در

---

۱ Sir W. O. مملکت

۲ Keene بروجردرا

۳ Omitted in Sir W. O.'s.

۴ Sir W. O. از افزون

آن مدّت با عدم مکنت داد مردي و مردانکي داد و آن لشکر بيحدّ و کرانرا مدام بي آرام داشت تا آنکه از کثرت کارزار و سختي تك و تاز بستوه آمده افسرده شد روميان اورا [۱]با عهد و پيمان نزد خود آورده اوّل اعزاز کردند و آخر بکشتند و من از ابراهيم آقاي دفتردار بغداد که از [۲]عظماي آن لشکر بود شنيدم که ميکفت بيست و دو هزار کس از لشکر روم در محاربات سبحان ويردي خان بقتل رسيده اند والحق اکر مجال تفصيل [۳]احوالش و تدبيرات و صولت و همّت و تهور او در اين عجاله بودي ناظران‌را موجب شکفت تمام کرديده

در روزکار [۴]ناسخ داستان رستم و اسفنديار شدي

مجملاً در اين طوفان حادثات آن مملکت نه چنان پژمرده و ويران بود که توان باز نمود

---

۱ Sir W. O. بعهد ۲ Sir W. O. عضاي

۳ Sir W. O. احوال ۴ Sir W. O. پاسخ دستان

CHAP. XXIX.

تسخیر تبریز و ۱مقاتله رومیان و تبریزیان رفتن راقم بتوي و سرکان نهضت ببغداد و ۲تشرف بمشاهد منورهٔ عراق معاودت ببغداد و سامرا عزیمت سفر ۳بممالك خراسان و رسیدن بکرمان شاهان رسیدن بممالك کردستان و آذربایجان ورود بولایت کیلان وصول بمازندران بهشت نشان

عبد الله پاشا نیز بر اکثر آذربایجان مستولي شده دار السلطنت تبریز هم بحالت همدان شده بود تبریزیان نیز بعد از ۴آني که از ستیز و آویز عاجز آمده رومیان بشهر ریختند شمشیرها آخته تا پنج روز در کوچه و بازار قتال کردند تا آنکه رومیان از محاربه ایشان بتنك آمده ندا در دادند که ترك جنك کرده

---

۱ Keene مقابله

۲ Keene تشریف

۳ Wanting in Keene's.

۴ Sir W. O. این

با اطفال و عيال و مال آنچه [۱]توانيد بر داشته [۲]بسلامت از شهر بيرون رويد قريب به پنج هزار كس كه از تمامي خلق بي شمار آن شهر مانده بودند بدستي شمشير و بدستي دست عيال خود گرفته از ميان سپاه روم بيرون رفتند و آنكونه [۳]مردي و تهور از عوام شهري در [۴]روزكار كمتر واقع شده باشد

بالجمله چندي در كرمان [۵]شاه و چندي در قصبهٔ توي و سركان و محال دامن كوه الوند كه بهشت روي زمين است اقامت [۶]نمودم و در آنجا بود سيد جليل القدر امير صدر الدين محمد سركاني و برادرش مير ابراهيم كه هر دو از مستعدان و با من مودتي تمام داشتند اصل ايشان از سادات استر آباد و مدتي بود كه ساكن آن ديار شده صاحب اقطاع و سيورغالات بودند

---

۱ Keene توانند ۲ Wanting in Keene's.

۳ These two words are deficient in Keene's.

۴ Sir W. Ouseley روزكاري ۵ Sir W. Ouseley شاهان

۶ These two words are wanting in Sir W. O.'s.

پس روانه دار السّلام بغداد شدم و بکربلاي [1]معلي
و از آنجا بنجف [2]اشرف رفته توطن اختيار کردم و
قريب بسه سال در آن آستان مقدس [3]کامروا بودم و
بآرام و ضبط اوقات ميکذشت هميشه تمناي [4]نوشتن
مصحفي بخط خود داشتم در آن ايام توفيق يافته نوشتم
و در آن روضه عليه کذاشتم و کاهي بتحقيق مطالب
و تحرير رسايل ميپرداختم و کاهي بمطالعه مشغول ميشدم
در کتابخانه [5]سرکار آنحضرت چندان از هر فن کتب
اوايل و اواخر جمع بود که تعداد آن نتوانم بر بسياري
بکذشتم و کاهي [6]با افاضل و اتقيا که مجاوران سدّه
عليا [7]بودند صحبت ميداشتم و از ايشان بود مولاناي
فاضل ملا ابو الحسن اصفهاني و مولانا نور الدهر کيلاني
و شيخ يونس [8]نجفي و شيخ احمد جزايري و شيخ

---

۱ Keene معلي رفته ۲ Keene اشرف توطن

۳ Sir W. O. کامرو ۴ Omitted in Keene's. ۵ Omitted in Keene's.

۶ Sir W. O. بافاضل ۷ Sir W. O. بود

۸ The following words ending with الافاضل are omitted in Keene's which has only و instead.

[1]مقيد شيرازي و مولانا محمد قراهي و در بلده حله مكرر بملاقات سيد الاتقيا و الافاضل سيد هاشم نجفي عليه الرحمه كه از مشاهير مقدسين روزكار بود [2]رسيدم و بهر نوع از فيوضات آن مكان مقدس خوش ميكذشت و انديشه سفر و دوري از آن آستان در [3]خاطرم نبود تا آنكه بعزم تجديد عهد زيارت مشاهد منوره كاظمين و سرمن راي ببغداد آمدم و سعادت ياب كشتم اراده عود بنجف اشرف بود كه عزيمت سفر خراسان و رسيدن بمشهد طوس در دل افتاد و تقدير كشان كشان بكرمانشاهان رسانيد احمد پاشا [4]با لشكر بيكران روم در آن شهر بود و در آن وقت سفر در مملكت ايران بسبب شورش و انقلاب و عدم امنيت طرق و استيلاي سر كشان بغايت صعب و خطرناك بود اعتماد بحراست حق نموده بمملكت كردستان در آمدم و از آنجا باذربايجان رسيده آن ممالك معموره خاصه شهر تبريزرا از استيلاي روميان خالي و خراب ديدم

---

[1] مفيد ? [2] Omitted in Keene's. [3] Sir W. O. خاطر [4] Sir W. O. و

از خرابي ميگذشتم منزلم آمد بياد
دست و پا كم كردهٔ ديدم دلم آمد بياد

بالجمله بدار الارشاد اردبيل كه آن هم در تصرف روميان بود رفتم و از آنجا بكيلان در آمدم در بلده استارا جمعي كثير از سپاه اروس بودند و قلعه ۱عمارت كرده يحيي خان طالش بآن قوم ساخته بود و از طرف ايشان حاكم ۲بود چون سلسله خان مذكوررا از قديم ارتباط تمام بود مراسم مودت قديمه تقديم كرد و بالتماس وي چند روز توقف كردم و آن مملكت را بسبب حادثه طاعون كه هنوز شيوع داشت و استيلاي لشكر اروس عجب ويران و بي سرانجام ديدم از آن همه آشنايان سابق و معارف كسي نمانده بود و چند كس از همراهان من نيز بآن مرض در كذشتند القصه طول آن مملكت را بصعوبت تمام طي نموده بولايت مازندران در آمدم

---

۱ Sir W. O. عمارات كرده بودند ۲ Sir W. O. بوده

CHAP. XXX.

[1] تتمه احوال پادشاه محاربه لشكر پادشاهي با اشرف افغان و شكست يافتن نهضت پادشاه بمازندران [2] نهضت پادشاه از مازندران بخراسان و تسخير آن استقبال نمودن ملك محمود خان موكب شاهي را بعزم رزم و محصور شدن ملك محمود فتح مشهد مقدس نهضت راقم از مازندران باستر آباد ورود بمشهد آمدن نذر قلي بيك باردوي اعظم و رسيدن بامارت و يافتن خطاب طهماسب قليخان

اكنون مجمل احوال پادشاه عاليجاه شاه طهماسب بجهت ارتباط كلام نگاشته آيد در مملكت آذربايجان چند سال آن مقدار كوشش با لشكر روم نمود كه قزلباش از ستيز و آويز بستوه آمده بسياري از سپاه در معارك

---

1 This head is omitted in Sir W. O.'s. 2 Sir W. O. خان

نا چیز شدند و رومیه بر آن مملکت و ممالک شروان و کرجستان مستولي شده عرصه بر وي تنک شد ناچار دست از آن حدود کوتاه کرده بخیال آنکه شاید حدود عراق از افاغنه انتزاع شود با لشکري که داشت ببلده طهران ¹اري در آمده اشرف افغان اقتدار تمام یافته مستعد محاربه بود در نواحي طهران با لشکر پادشاهي مصاف داده غالب آمد و سردار لشکر قزلباش که از دوستان من بود در آن معرکه کرفتار شد و آخر نجات یافت چون دیکر استعداد محاربه نبود پادشاه بمازندران رفت که فکري اندیشد و افاغنه تا سرحد خراسان ممالک شدند در مازندران چون وبا شیوع داشت بسیاري از عساکر پادشاهي بآنمرض در کذشتند و چنان کسي باقي نماند و پادشاه از آزردکي رقم عزل بر ناصیه جمعي از امرا و نزدیکان کشیده ایشانرا از نزد خود اخراج نمود و خود با معدودي ²چند عزم خراسان و تسخیر آنولایت از ید متغلبه نموده فوجي از جماعت قاجار استراباد برکاب پیوسته بآن مملکت در آمد و مملکت خراسان در آنوقت بسه قسمت

¹ Keene بـاري ² Omitted in Sir W. O.'s.

انقسام یافته بود قندهار و توابع در تصرّف افاغنه قلزه و دار السلطنة هرات و ملحقات در ید افاغنه ابدالي و باقي خراسان در تـصرف ملك محمود خان حاکم نیمروز بود و خود صاحب سکه و خطبه شده در مشهد طوس اقامت داشت و لشکري ۱جرّار فراهم آورده خود نیز از شجاعان بود و نسب وي بسلاطین ۲صفّاریه مي پیوندد و توقع آن بود که شاید حقوق چندین ساله چاکري و نمك پروردکي آن دودمان بزرك را پاس داشته بقدم اعتذار پیش آید ۳و خود این توفیق نیافته بعزم رزم استقبال موکب شاهي کرده تا قلعه اسفراین آمد چون پادشاه از دلیري او آکاه شد بي توقف بعزم تلاقي و کوشمال وي سوار شده ایلغار کرد ملك محمود خان از جسارت خود نادم کشته بسرعت تمام بمشهد مقدس باز کشته در استحکام قلعه و حصار کوشیدن کرفت و پادشاه بـر دروازه شهر نزول نموده بمحاصره پرداخت و ملك محمود هر روز از حصار بر آمده با توپخانه و آراستکي تمام با لشکر پادشاهي کارزار میکرد و چند ماه بر این منوال

---

۱ Sir W. O. جرّاره ۲ Sir W. O. سفاریه ۳ Keene او

بود مردم ساير بلاد و رعيت خراسان چون نمك پروردهٔ خاندان صفويه بودند شهرها بتصرف داده فوج فوج بلشكر پادشاهي آمده نطاق خدمتكذاري و جانسپاري بر ميان بستند و كار بر ملك محمود تنك [١]شده آن بلده فاخره مفتوح شد و ملك محمود محبوس كرديده در حبس بسعي [٢]يكي از امرا بي اطلاع پادشاه هلاك شد پادشاه در مشهد مقدس بود كه من از مازندران حركت كرده باستراباد آمدم و سيد ستوده خصال سيد مفيد استرابادي را كه از نيكان روزكار بود در آنشهر بديدم و از آنجا بمشهد مقدس [٣]رسيده بزيارت روضه رضويه عليه السّلام مشرف شدم و اقامت كزيدم پادشاه از قدر داني و مهرباني كه شعار آن سلسله عليه بود بمنزل من [٤]آمد و مودت بسيار كرد و در آن مدّت اورا بافاغنه ابدالي و سر كشان نواحي آن ملك محاربات اتفاق [٥]افتاده ظفر يافت

---

١ Sir W. O. شد—كرديد ٢ Sir W. O. بعض امرا

٣ Sir W. O. رسيد ٤ Sir W. O. آمده ٥ Sir W. O. افتاد و

و در ایام محاصره مشهد مقدس که فوج فوج سپاهي و رعیت اطراف خراسان باردوي ۱پادشاهي مي آمدند نذر ۲قلي بیك افشار ابیوردي نیز از آنجمله بود باردو آمده رفته رفته مورد ۳الطاف شد و بمساعدت طالع منصب جلیل القدر قورچي ۴باشي کري یافت و بطهماسب قليخان ملقب کشت و با امرا و ارباب مناصب صفائي نداشت و ایشانرا خار راه خود میدانست در شکست کار آنها کوشیدن کرفت و پادشاه را در اوایل ۵بوي التفات تمام بود تا آنکه زمام مهام ملکي براي و رویت وي در آمده استقلال یافت

و من در آن بلده مبارکه با وجود کثرت آشنایان کمتر معاشرت با خلق داشتم و بکار خود مشغول بودم بسیاري از کتاب ۶رموز کشفیه را با چند رساله دیکر در آنجا تحریر نموده ام و کاهي با اعیان و مستعدان صحبت میداشتم

---

۱ Sir W. O. پادشاه

۲ Sir W. O. قلي خان

۳ Sir W. O. التفات

۴ Sir W. O. باشنکري

۵ For this Keene has با او after تمام

۶ Sir W. O. رموزات

CHAP. XXXI.

۱ تدوین دیوان چهارم

و اشعاریکه در آن مدت کفته شده بود جمع آوردم و این چهارم دیوان خاکسار است و در آن بلده بود سیّد عارف میر محمّد تقي رضوي خراساني که از اتقیا و اعلام زمانه بود و از مشاهیر فضلا در آن بلده مجتهد مغفور مولانا محمد رفیع کیلاني بود و هم در آن بلده ۲ بود فاضل جامع محقق مولانا محمد شفیع کیلاني که از اذکیاي ۳ علما و در اواسط حکمت نادره زمان بود و همه با من انس و الفت تمام داشتند و الحال بعالم بقا پیوسته هیچیك از ایشان در قید حیات نیست و در آن اوان مرا بطرز بوستان سعدي و آن نوع سخن کستري رغبت افتاده شروع در کفتن

---

۱ This head is wanting in Sir W. O.'s. ۲ Wanting in Sir W. O.'s.

۳ Sir W. O. علماي—اواسطه

نموده آن مثنوي را خرابات نام نهادم و بسياري از مطالب عاليه و سخنان دلپذير در آن كتاب بسلك نظم در آمد و افتتاح آن اينست

ثناهاست پير خرابات را
كه شست از دلم لوث طامات را
عطا كرد ز انديشه فارغ دلي
چو ميخانه بخشيد سر منزلي

و يكهزار و دو صد بيت كفته شده بود اما اصورت انجام نيافت چند بيتي كه در خاطر بود ثبت افتاد

مثنوي

الا اي جهاندار فرخنده خوي
دمي كوش بكشا ۲بفرخنده كوي
نخستين نكو كير راه سلوك
كه خلقي كرايد بدين ملوك

---

۱ Keene صورت ۲ Sir W. O. بكشاي

جهاندار بايد پسنديده كيش
غم پيروان خور بدنبال خويش
۱قلاووز راهي بينديش حال
مبادا كه باشي دليل ضلال
وگر خود نداني ز داننده پرس
ز روشن دلان شناسنده پرس
خرد پرورانرا خريدار باش
تن ۲تيرهٔ سفله گو خار باش
بپرور ۳دل و عقل مشكل كشاي
۴و دانش پژوهان با هوش و راي
بتدبير سنجيدگان كار كن
ز مغز خرد سر گرانبار كن
سبكسر نيايد بكار اي پسر
كه طبل تهي به ز بيمغز سر
بروشن رواني بر آور دمي
كه يكمرد دانا به از عالمي

---

۱ Sir W. O. قلاورز
۲ Sir W. O. تيرها
۳ Sir W. O. تن عقل
۴ Sir W. O. بدانش

نظر كن در احوال دانش وران
كه بي خار نبود كل و ١ضيمران
بهر فرقه در دير و ميخانهٔ
بود در ميان پاي بيكانهٔ
بهر خُم كه بيني بود دُرد و صاف
فراخست پهنائي ميدان لاف
چو دعوي كرانرا شماري تهي
كند از تو دانندة پهلو تهي
بجائي كه باشد رواج خزف
چرا كوهر آيد برون از صدف
بدعوي ميسر بُدي كر هنر
فلاطون شدي لافئ خيرة سر
فرومايهٔ كر بدزدد دو حرف
نكردد هم آورد درياي ژرف
نهان تيغ مصري و چوبين كند
عيانست پيش نظرهاي تند
فريبندة ٢دنياست سنك محك

---

١ Keene سمران Sir W. O. ضميران ٢ Sir W. O. دبياست

چو خواهی نماند پس پردهٔ شک
بگیر ای نکو کار عبرت سگال
عیار حریفان بخوی و خصال
بصورت همه آدمی پیکرند
بسیرت بسی کم ز گاو و خرند
ترش رو ز پند سخن گو مکن
نکو خواه را تلخ باشد سخن
برد گوی مهر آن فروزنده بخت
که با دوست نرم است و با خصم سخت
رگ و ریشهٔ [1]قسوت از دل بکن
که سنگ درشتست نشتر شکن
نگیرد بتو پند حکمت پژوه
چو باران رحمت به بنیاد کوه
به پیش دم ناصحان خاک باش
پذیرای حق از دل پاک باش
براحت چه خسپی [2]ابا تاج و ترک
بگردت فقیران بی ساز و برگ

---

۱ Sir W. O. قوت ۲ Sir W. O. آیا

بسوئینه پنهان چو در نافه مشك
شکم بي طعام و کلوکاه خشك
مجو راحت از برك و ساز طرب
تن ۱آسائي خلق یزدان طلب
۲نه بندي چو ظالم بخم کمند
ببايد دل از ملك و اقبال کند
چه رونق بماند در آن مرز و بوم
که بازو کشاید تبه‌کار شوم
مکن پرورش سفله‌را زینهار
درختي که خار است بارش مکار
بديوان شاهنشهٔ بیهمال
ز بیداد ظالم پژولیده حال
بنالد که سلطان سزا میدهد
تو چون داد ندهي خدا میدهد
بملك تو هرجا که بیداد رفت
بود از تو چون از میان داد رفت
دل عاجزان بر نتابد خراش

---

۱ Sir W. O. آساني ۲ Keene به تندي

ز آه ضعیفان حذرناك باش
مترس از غریو هزبران جنك
حذر کن ز افغان دلهاي تنك
مشو سخرهٔ دشمن دوست روي
که بیخت کند آن نکوهیده خوي
شباني که نازد بچنکال کرك
زبونست سودش زیانش سترك
نه پیچي بلذّات نفس دژم
چه لذّت فزونتر ز عدل و کرم
رود مرد و ماند بجا [1] نام نیك
خنك آنکه جوید سرانجام نیك

ایضًا

یکي بار دل در کل افتادهٔ
سخن راند در خبث آزادهٔ
سخن چین حدیثش بآزاده کفت
نکر تا چه سان کوهر راز سفت

---

[1] Sir W. O. نام و نیك

مرا هست در پيش راهي شكرف
بصد حيرتم غرق ۱دریاي ژرف
بساحل اكر بخت شد رهنمون
و زين لجه رخت من آمد برون
ندارم ز بد كفتنش هيچ باك
كجا كيرد آلودكي جان پاك
و كر بر نيايد سبويم درست
شود رشتها پنبه و كار سست
از آنم نكوتر نكويد كسي
سزاوار ناخوشنرم ز آن بسي
حزين سيرت رهروان ياد كير
سراسر حديث جهان ۲باد كير
۳ترا با خود افتاده امروز كار
به نيك و بد كس مبر روزكار
حريفان دغل باز و ره پيچ پيچ
مبادا كه فرصت ۴ببازي بهيچ

---

۱ Sir W. O. درياست   ۲ Both Mss. ياد

۳ This couplet is inverted in Sir W. O.'s.   ۴ Sir W. O. بناري

ایضاً

شبي سر بر آوردم از جیب خویش
چو آهي که خیزد ز دلهاي ریش
طمع جلوه کر شد مرا در نظر
ز هر زشت رو پیکري زشت تر
بدو کفتم اي راندهٔ بخردان
پدر کیستت باز کو در جهان
بکفتا که شك در قضا و قدر
نظر بستن از اخلق نفع و ضرر
بکفتم که از پیشهٔ خود بکو
چه بافي درین کارکاهٔ دو رو
چه صنعت کري داري از جز و کل
بکفتا زبوني و خواري و ذل
بدو کفتم از حاصل خود خبر
بکو شمهٔ باز اي خیره سر
مآلت کدام است و غایت کدام
بکفتا که حرمان بود و السلام

خالق Keene ۱

ايضاً

شنيدم كه عيسي عليه السّلام
خري داشتي كاهل و سست گام
بروزي نكردي دو فرسنك طي
خر از مردمي كي شود تند پي
قضارا نبودش شبي ميل آب
دل عيسوي از غم او بتاب
بآن شغل طامات و طول نماز
دوام نياز و مناجات و راز
در آن شب [۱]نيارست آسوده بود
شنيدم دو صد نوبت [۲]آبش نمود
حواري تعجّب كنان از شكفت
فضولانه پرسيد و پاسخ كرفت
كه كر تشنه باشد خر بيزبان
چه سازد كرا آورد ترجمان
شود [۳]آتش جوري انكيخته

---

۱ Sir W. O. نياراست ۲ Sir W. O. آتش

۳ Sir W. O. آتشي

بخاك آبرو كردهام ريخته
مروّت نباشد كه روز دراز
كشد بار و ماند بشب تشنه باز
نشايد شدن غافل از كار او
حوالت بما رفته تيمار او
حزين از روشهاي نيك اختران
جوانمردي آموز و دل نه بر آن
چه سر كشتهٔ راهٔ مردان ۱ ببين
درين رهٔ پئ رهٔ نوردان ببين
ز ۲جام مروّت شرابي بزن
دل خفته ر [illegible] آبي بزن

ذوق سخن كستري خامه سياه مست را از وادي كه در پيش داشت عنان بر تافت نكرندكان نكته نكيرند

---

۱ Sir W. O. بشين

۲ Sir W. O. جامي

CHAP. XXXII.

لشکر کشیدن اشرف افغان ۱ بخراسان و حرکت پادشاه و راقم حروف از مشهد بصوب عراق مصاف دادن پادشاه عالیجاه با اشرف افغان و هزیمت آن طاغیان نهضت رایات منصوره بصوب اصفهان رفتن راقم حروف بولایت ۲مازندران حرکت از مازندران و آمدن بطهران

بالجمله چون اشرف افغان اقتدار و احتشام تمام یافته بود ۳و از جانب پادشاه عالیجاه اندیشه ناک بود از بیم آنکه مبادا در خراسان تمکن و استقلال یافته بدفع او پردازد پیش از آنکه متعرض او شوند اشرف مذکور با شوکت و لشکري موفور روي بخراسان آورد پادشاه و طهماسب قلیخان و امرا بتعجیل با

---

۱ Omitted in Keene's. ۲ Sir W. O. ماژندران

۳ Omitted in Sir W. O.'s.

سپاهي كه ۱مقدور بود از مشهد بعزم رزم او حركت
كردند و اين قضيه در شهر صفر اثني و اربعين و مايۀ
بعد الالف بود و افاغنه در ين سال مستاصل شدند
و پادشاه در رفاقت من ساعي شد و جمعي از مقربانرا
نزد من فرستاده كوشش كردند ناچار من نيز در
منزل اول رفاقت كرده سفر در ميان آن لشكر بر
من دشوار نمود در آن منزل پادشاه را بسخنان
معذرت آميز تسلي نموده از عقب آن لشكر بخاطر
خواه خود روانه شدم و در ميانه هميشه مسافت
اندك بود چون پادشاه ببلده بسطام رسيد فوجي از
افاغنه ۲شب بر سر توپخانه بعزم دست برد آمدند
پاسبانان آگاه ۳شده ايشانرا براندند القصه ۴بعد از دو
روز ديگر بر ۵سر آب مشهور بمهمان دوست ۶كه
داخل زمين خراسانست تلاقي دو لشكر دست
داد و سپاه قزلباش با آنكه بقدر نصف لشكر

---

۱ Sir W. O. مقدمه

۲ Omitted in Keene's.

۳ Sir W. O. شدند

۴ These three words are omitted in Sir W. O.'s.

۵ Sir W. O. سُراب

۶ These four words are omitted in Keene's.

افاغنه نبود در زیر اعلام پادشاهي صف آرا کشته پاي ثبات و مردانکي افشردند و افاغنه نیز دلیرانه معرکه کیر و دار کرم ساخته جنك سلطاني در پیوست تفنکچیان پیاده رکاب پادشاهي و توپچیان خاصه در آنروز داد مهارت و مردانکي داده پیش قدمان و دلیران لشکر افاغنه‌را چندین دفعه از میدان بر داشتند و کلوله بر مثال تکرك بر صف سپاه ایشان ریختند و یکه سواران قزلباش از چپ و راست بر ایشان تاختن آورده بهر کس [۱] که رسیدند بخاك افکندند و تا ظهر هنکامه کارزار کرم بود القصه از صدمات لشکر شاهي افاغنه‌را پاي [۲] تمکن از جاي رفت و چندانکه تلاش کردند بجائي [۳] نرسیده صفوف ایشان بهم بر آمده شکست در آن لشکر انبوه افتاد و اشرف مذکور و سرداران ایشان روي از معرکه تافته بهزیمت رفتند و در راه هر چند خواستند که مرتبه دیکر مستعد کارزار شوند صورت [۴] نبسته بتعجیل تمام راه

---

۱ Omitted in Keene's.

۲ Keene has تمکین

۳ Keene نرسید

۴ Sir W. O. نه بست

اصفهان پیش کرفتند و پادشاه بدامغان نزول نموده
من بباغي که متصل بآن میدان بود اندك آرام
کرفتم چون تمام سپاه قزلباش بکذشت سوار شده بر
جوانب آن معرکه بر آمدم و نظاره مقتولان بدیدهٔ
عبرت کردم چه تا آن روز افاغنه جنك قزلباش و
دست و بازوي مردان کار ندیده بودند در آن معرکه
از قزلباش زیاده بر دو کس که اندك زخمي داشتند
کسي ضایع نشد

بعد از فتح و ظفر طهماسب قلیخان صلاح در
معاودت بمشهد مقدس دید که تدارك شایسته ۱نموده
سال دیکر بدفع افاغنه پردازند پادشاه راضي نشده
عازم اصفهان کشتند و در هر شهر هر کس از لشکر و
حکام افاغنه بود راه فرار باصفهان پیش کرفته اهالي
آن ۲شهرها بهزاران نیاز استقبال موکب شاهي کرده
غلغلهٔ نشاط و شکر کذاري بکیوان رسانیدند و از
۳هر طرف فوجي بلشکر ظفر اثر مي پیوست

۱ Sir W. O. دیده ۲ Sir W. O. شهرهارا

۳ Wanting in Keene's.

و مرا از بلدهٔ سبزوار عارضه ۱تب سانح شده بود در دامغـان شدت کرفـت ده روز اقـامـت کردم بیمـاري زیـاده شـد و زمستـان رسیـده بـود از راه ۲الکاي هزار جریب ببلده ساري مازندران رفتم و در آن راه از شـدت بیماري مشقتي صعب کشیدم و در آن بـلـده نیـز تـا دو مـاه بـر بستر افتاده امید حیات نبود حق تعالي شفا بخشید و جمعي از طلبه و مستعدان کـه در آن بلده مجتمع بـودنـد خواهش مذاکره نموده کتاب اصول کافي و من لا یحضره الفقیه و الهیات شفا و شرح تجرید خوانـدن کرفتند و این آخر مباحثات فقیر بود از آن زمان ۳بار تارك شده ام و ایام بهاررا در ۴مازندران بهشت نشان بخوشي کذرانیده از آن ۵دیار بطهران آمدم و در آن ظرف مدت اصفهان مفتوح و افاغنه مستاصل شده بودند و مجمل آن قصه اینکه

---

۱ Sir W. O تـپ

۲ Sir W. O. الکاري

۳ Omitted in Sir W. O.'s.

۴ Sir W. O. ماژندران

۵ Sir W. O. بـلـده

CHAP. XXXIII.

رسیدن افاغنه باصفهان و استعداد محاربه [1] مصاف دادن پادشاه کرت دیگر اباشرف افغان در نواحي اصفهان و انکسار ایشان فتح دار السلطنت اصفهان و کریختن افاغنه بشیراز تعاقب لشکر قزلباش افاغنه را [2] به سرداري طهماسب قلیخان محاربه خان معظم با اشرف افغان و هزیمت آن طاغیان رسیدن اشرف و بقیة السیف افاغنه ببلده لار کشته شدن برادر اشرف بدست رعایا [3] انتزاع لاریان قلعه معتبره لاررا از افاغنه [4] پراکندکي لشکر افاغنه و کریختن اشرف بصوب قندهار [5] من الغرایب بقتل رسیدن اشرف افغان

چون اشرف شکست یافته باصفهان رفت از خوف

---

۱ Keene با اشرف ۲ Keene و ۳ Keene انتظار

۴ Keene پراکنده کي ۵ This head is omitted in Sir W. O.'s.

و هراس مردم اصفهان را از شهر اخراج نموده بدهات متفرق ساخت و از اطراف سپاه خودرا جمع نموده بتدارك توپخانه پرداخت و چون با رومیان صلح نموده بود از ایشان جمعي توپچیان ماهر طلبید احمد پاشاي رومي فوجي توپچیان بمعاونت او فرستاد چون پادشاه بنواحي اصفهان رسید افاغنه با [۱]لشکر آراسته و توپخانه عظیم استقبال نموده صف قتال آراستند لشکر قزلباش و تفنکچیان رکاب شاهي اوّل بر سر توپخانه ایشان هجوم آورده رومیان را بکشتند و توپخانه بکرفتند پس از کوشش و کشش بسیار باز شکست در افاغنه افتاد و مقدار چهار هزار سر از ایشان کرفته از آن سرها مناره عالي بر [۲]افراشتند

و اشرف و افاغنه شکسته و بد حال باصفهان در آمده آنچه داشتند و توانستند از خزاین و اموال بر بسته همکي بمملکت فارس که در تصرف ایشان بود باضطراب روانه شدند اجامره ایشان که فرصتي داشتند دست بغارت بازارها که خالي بود انداخته

---

۱ Sir W. O. لشکري

۲ Sir W. O. افراختند

در هم شکستند و هر کرا در شهر ۱و خارج شهر خزیده یافتند بقتل آوردند و از مقتولین بود مولانای ۲فاضل عارف آقا مهدي خلف مجتهد مبرور آقا هادي مازندراني علیه الرحمة که از نیکان و اصدقاي من بود

بالجمله بعد از چند روز پادشاه و لشکر قزلباش بشهر در آمدند و مردم شهر از نواحي بشهر آمده هر کس بتعمیر حال خود پرداخت و پادشاه بمنازل عالیه خود قرار کرفت طهماسب قلیخان اراده معاودت بخراسان کرد و بعد از ابرام و انجاح ۳مطالبي که داشت بتعاقب افاغنه مامور شد و در آن وقت راه شیراز که سردسیر سخت است پر برف و عبور دشوار بود خان معظم که در لشکر کشي و ۴سپهبدي یکانه روزکار است لشکر بشیراز ۵کشیده اشرف و افاغنه که بشیراز در آمده بودند باز لشکرها فراهم آورده

---

۱ These three words are omitted in Keene's. ۲ Omitted in Keene's.

۳ Sir W. O. مطالب ۴ Keene سپهه بدي

۵ Sir W. O. کشید

اجامرهٔ الوسات آن حدودرا صلاي زر و انعام در داده جماعتي باكراه و طمع مال با ايشان پيوسته مستعد ۱مجال بودند چون لشکر قزلباش به پنج فرسنكي شيراز رسيد افاغنه باز ۲بازدحامي تمام روي بايشان آوردند و كوششهاي سخت کرده تا چهار روز هنكامه كارزار بود الحق سپاه قزلباش در آنمصاف ۳نیز داد مردي و دلاوري داده جمعي كثير از افاغنه مقتول و بقية السيف بهزيمت رفتند و ۴در آنواقعه خانهاي شيرازرا افاغنه سوخته و اموال مردم‌را بغارت برده بودند و جماعتي از روساي افاغنه زنده دستكير شده بسياست رسيدند و از آنجمله بود ۵ميانجي پير و مرشد محمود و ملا زعفران و امثال ذلك از آن جانوران بالجمله بعد از فتح و ظفر خان معظم بشيراز در آمده بتسكين مردم و تنسيق آن ملك پرداخت

اشرف و بقية السيف كه هنوز بيست و دو هزار

---

۱ Sir W. O. محاربه

۲ Sir W. O. بازدهامي

۳ Wanting in Sir W. O.'s.

۴ Sir W. O. از

۵ Keene ميـاجـي

کس افزون بودند هراسان بحال تباه راه خطّه لار پیش کرفتند و از بیم تعاقب لشکر قزلباش لحظه از ایوار و شبکیر نمي آسودند اکثر ۱اسپان ایشان در راه مانده تلف ۲شد و در هر مرحله جماعتي از پیران و اطفال و بیماران خودرا که از رفتن عاجز مي شدند خود کشته مي انداختند چنانکه از شیراز تا بلدهٔ لار که پانزده روزه راه است کشتکان ایشان ریخته بود چون آوازهٔ فرار ایشان منتشر شده بود ۳رعایاي جمیع دهات و نواحي اکر همه ده خانه بود دست بتفنك و تیر برده بر روي لشکري بآن عظمت ایستاده ۴ایشان میراندند و از بیم مجال آن نداشتند که درنك نموده با کسي در آویزند و در آن راه قرصي نان بدست ایشان نیفتاد و بکوشت اسپان و الاخان خود معاش میکردند و خلقي با وجود زر و جواهر بکرسنکي بمردند

القصه بلار رسیده چون قلعه آن شهرهٔ جهانست

---

۱ Omitted in Keene's. ۲ Sir W. O. شده

۳ Sir W. O. رعاي جمع ۴ Omitted in Keene's.

اشرف مذکوررا بخاطر رسید که آنجا خود داري نماید و از رومیه معاونت ١طلبد برادر خودرا با فوجي و نفایس بسیار روانه ساخت که از راه دریا ببصره رفته از رومیان در خواست امداد کند چون روانه شد رعایاي نواحي بر سر او ریخته بکشتند و اموال ببردند

افغاني که کوتوال ٢بلدهٔ لار بود روزي از قلعه بسلام اشرف بزیر آمد و بیست و ٣پنج کس از اعیان لاررا در قلعه محبوس داشت محبوسان از رفتن او آگاه شده از مکان خود بر آمدند و چهل کس افاغنهرا که در قلعه مانده بودند بشمشیر ایشان کشته قلعهرا در ٤به بستند و چند قبضهٔ تفنگ در منزل کوتوال و افاغنه یافته بحراست چنان قلعه پرداخته از بروج آن فریاد دعاي دولت شاهي بر کشیدند و چون تسخیر آن قلعه هر چند حارسانش بیست و پنج تن باشند ٥بزودي میسر نیست اشرف چندانکه بتهدید و

---

١ Keene طلبید ٢ Omitted in Keene's. ٣ Sir W. O. پنجهزار

٤ Omitted in Sir W. O.'s. ٥ Omitted in Keene's.

نويد خواست كه ايشانرا رام سازد در نكرفت و نه روز در لار اقامت نموده هر شب فوجي از لشكريانش سر خود كرفته باميد رسيدن بهامني بيرون ميرفتند و رعاياي اطراف بر ايشان سر راه كرفته خودرا از قتل و اخذ اموال معاف نميداشتند

اشرف چون پراكندكي خود بديد و هراس بيقياس بر وي استيلا يافته بود راه فرار بقندهار ۱ پيش كرفت و در آن كرمسير هر روز فوج فوج از لشكر او جدا شده راه سواحل دريا ميكرفتند و رعايارا با ايشان همان معامله بود و جمعي كه بدريا و كشتي رسيدند ۲ بسياري از سفاين بتقدير ايزدي غرق شده خلقي انبوه بدريا فرو رفتند و معدودي از ايشان بسواحل ۳لحسا و عمان و نواحي سند افتادند شيخ بني ۴خالد كه صاحب لحسا است ايشانرا كرفته امر بقتل نمود و پس از عجز و لابه از خونشان در

---

۱ Omitted in Keene's. ۲ These two words are wanting in Sir W. O.'s.

۳ Keene لحسا ۴ Sir W. O. فالد

كذشته لباس و يراقشان بستد و عريان به بيابان سر داد

و پس از چنديكه من بسواحل عمان رسيدم پسر ايك[1] برادر اشرف را كه قريب بيست سال عمر داشت و خداداد خان حاكم لاررا كه از امراي بزرك ايشان بود در شهر مسقط بديدم هر دو مشكي بر دوش كرفته آب بخانها مي بردند ايشانرا طلبيده سخنان پرسيدم و سرور خان نامي نيز از امراي ايشان در آنجا بود كفتند بمزدوري كار كل ميكند اورا هم نزد من آوردند و[2] احوال پرسيدم

القصه چون اشرف از لار بسمت حدود[3] بلوچستان راه قندهار پيش كرفت در هر كريوه رعايا و مردم اطراف خودرا بر او زده و جمعي مقتول نموده[4] اموال مي بردند تا آنكه مال و سپاه او بانجام رسيد و خود چنان بسرعت ميراند پسر عبد الله بروهي[5] بلوچ

---

۱ Keene يـك و ۲ Sir W. O. احوالات

۳ Sir W. O. بلوچان ۴ Wanting in Keene's. ۵ Keene بلوج

ويرا در آن حدود با دو سه كس يافته بقتلش مبادرت نمود و سرش را با قطعه الماس كرانبها كه بر بازوي او يافته بود نزد شاه طهماسب فرستاد پادشاه عاليجاه آن الماس را بفرستاده او باز دادند و خلعت براي او عطا شد

---

‡ Sir W. O.'s before this word has پس and omits the clause following it.

CHAP. XXXIV.

توجه خان معظم بهمدان و محاربات با روميان و ظفر يافتن بر ايشان[1] نهضت راقم از طهران باصفهان لشكر كشيدن خان بآذربايجان و فتح دار السلطنت تبريز و انهزام روميان اروانه شدن خان معظم از آذربايجان بخراسان محاصرة دار السّلطنة هرات حركت نمودن راقم حروف از دار السّلطنة اصفهان بشيراز ورود [2]بخطه لار رسيدن به بندر عباسي و آهنك سفر حجاز

پس از سنوح اين حالات طهماسب قليخان از فارس حركت نموده از راه عربستان و لرستان بقلمرو علي شكر در آمده با پاشاي همدان و لشكريان روم مصاف داده ظفر يافت و خلقي انبوه از ايشان

---

[1] The three following heads are omitted in Sir W. O.'s.

[2] Sir W. O. ببلده

کشته حدود عراق را مسخر و مصفا [۱]ساخت و بقية السيف روميان ببغداد گريختند و در آن وقت بر امور كلّي و جزوي تمام [۲]ممالك محروسه مسلّط شده پادشاه اورا جيقه و مهر خود داده بود و از زياده روي و استيلاي [۳]او ملالت و افسردگي داشت

مجملاً من از طهران باصفهان آمدم و آنشهر معظم‌را با وجود بودن پادشاه بغايت خراب ديدم و از آنهمه مردم و دوستان كمتر كسي باقي مانده بود و در آنوقت مولاناي فاضل ملا محمد شفيع گيلاني كه پيش مذكور شد باصفهان آمده شيخ الاسلام بود و هم آنجا رحلت كرد و در آن شهر بود فاضل نحرير شيخ عبد الله گيلاني كه بغايت ستوده خصال و از دوستان من بود و چندي قبل از ين در گذشت و در آن شهر انزوا داشت مولاناي فاضل [۴]مولا محمد جعفر سبزواري كه از اتقياي معارف و [۵]مرتاضان بود با من

---

۱ Sir W. O. يافت ۲ Sir W. O. مملكت

۳ Sir W. O. وي ۴ Sir W. O. مولانا

۵ Keene مرناضان Sir W. O. مرتاخيان

الفت ديرين داشت در آن وقت يكنوبت شبي
بمنزل من آمد و از صحبتش ¹بهره ور كرديدم بالجمله
ششاه در اصفهان اقامت نموده پادشاهرا سخنان
سودمند كفتم و بچيزي چند كه در ظاهر باعث بقاي
ملك و دولت بود بارها دلالت كردم اما ²بتقدير
موافق نيفتاد

طهماسب قليخان بآذربايجان رفت و دار السّلطنة
تبريزرا مستخلص كرده با روميه ³مصافهاي سخت ⁴داده
ايشانرا در هم شكست و از مملكت آذربايجان آنچه
اين طرف آب ارس بود بتصرف در آورده بهر جا
حكام كماشت و آنطرف شط مذكوررا مزاحم نشده
بامراي روم كه در آن سرحد بودند سخن مصالحه در
ميان ⁵آورد و چون در آن اوقات در خراسان بسبب
شورش جماعت تركمان و افاغنه ابدالي هرات كه
عرصه خالي يافته بودند آشوب بود عنان توجه بصوب
خراسان معطوف داشت و تركمانانرا كوشمال بليغ

---

١ Keene بهرور   ٢ Sir W. O. با تقدير   ٣ Keene مصاف

٤ Sir W. O. داد و   ٥ Sir W. O. آدرده for آورد و

داده بر سر قلعه هرات رفته افاغنه‌را محصور ساخت

و چون در قصبه درگزین از توابع همدان جمعی که در روزگار افاغنه با ایشان یار شده فتنه‌ها کرده بودند فراهم آمده هنوز داعیه خود سری ۱داشته قلعه استوار نموده بودند پادشاه بعزم دفع فتنه ایشان و استخلاص بقیهٔ آذربایجان از اصفهان در حرکت آمد و مبالغه در همراه بودن من داشت و در آنوقت مرا حالت و سامان آن سفر نمانده بود پهلو تهی نموده از اصفهان بصوب شیراز روانه شدم که چندی در آن شهر بسر برم تا چه پیش آید

چون بشیراز رسیدم آنشهررا بغایت خراب و آشفته دیدم و از آنجمه اعاظم دوستان من کسی بر جا نبود جماعتی از اولاد و منسوبان آنهارا پریشان حال و بی سر انجام یافتم و از ایشان بود میرزا هادی خلف مرحوم مولانا شاه محمد شیرازی که خالی از جذبه نبود ترک معاشرت با خلق نموده

۱ Sir W. O. داشت

در تکایا و مزارات آن شهر بسر مي برد و بغایت از عالم کذشته و شوریده حال بود چون سابقه مودتي داشت نزد من آمد و از عزایب اینکه اورا ۱با آن حالت که داشت ذوقي عجب بمعّما بود اکرچه خود نمیکفت امّا ۲بصحبت آن بغایت ۳شایق و در حل آن ماهر و چنان سریع الانتقال بود که هیچیك از مهرهٔ آن فن را مثل وي ندیده ام و مرا هرکز بمعما رغبت نبوده آنرا بیحاصل و صرف فکر در آن افسوس مي آمد اما چون سلیقه بهر چیز مساعد و طبع بهرچه پردازد آنرا ملکه مي سازد این شیوه را نیز طبیعت چنانکه باید مالك ۴است و در معاشرت استادان این فن معمّیات لطیفه بسیار کفته ام یکدو روز در ۵صحبت میرزا هادي مذکور نیز بدیهه معماي بسیاري ۶انشا شد و چندیکه حالت تحریر بقلم ۷آمده ثبت افتاد

---

۱ Sir W. O. بآن ۲ Sir W. O. صحبت و

۳ Keene سابق Sir W. O. شابق ۴ Omitted in Keene's.

۵ Sir W. O. خدمت ۶ Keene انشان ۷ Keene آمد

باسم مالك

اي زاهد خشك بخت بر ۱كرديدة
دم سردي تو بساط ۲ما برچيدة
شد فصل خزان چو آمدي سوي چمن
۳كل كشت شكسته برك و سرما ديدة

باسم نصير

از بسكه بجان از غم زهكير تو آمد
پيكان تو بيخود بسر تير تو آمد

باسم خاندان

خواب راحت ۴كو نه بيند ديدۀ صاحبدلان
بخت بيداري بما مي ماند آخر از جهان

باسم جمال

پارينه رۀ جور بر آمال كشادي
بيموجب و بيحد شدة ۵امسال كشادي

---

۱ Sir W. O. كرديدۀ—برچيدۀ ۲ Sir W. O. وي

۳ Sir W. O. كلكشت with izafat. ۴ Sir W. O. كر

۵ Sir W. O. امثال

باسم ترسا

اشك در دیدهٔ سودا زده كي جا دارد
تا كه رو جانب خار و خس صحرا دارد

باسم امان

پیراهن آئینه بیتاب قبا شد
بر سینهٔ من تیر تو تا عکس نما شد

باسم قبا

۱مُهر بر لب چون زنم با تیره روزي در جهان
بي شب وصل تو دل لایق بآه است و فغان

باسم نفي

مجاز و باطل از بس در زمانه
حقیقت کشت حق رفت از میانه

مجملاً غارت زدكان شیراز نزد من مجتمع شده شرح احوال خویش مینمودند مرا دل از ۲جاي رفت و ۳بآن حال در میان ایشان ماندن دشوار

---

۱ Sir W. O. مهره ۲ Sir W. O. جا ۳ Keene با آن

نمود از آنجا بصوب کرم [1]سیرات فارس روان شدم و ببلدهٔ لار در آمدم و زمستان اقامت [2]نموده در آن حدود هم استقامتي نبود مملکت خراب و ضوابط و قوانین ملکي در آن چند ساله ایام فترت [3]همه از هم ریخته و پادشاه صاحب اقتدار [4]و با [5]تدبیري و رائي بایست که تا مدتي باحوال هر قصبه و قریه [6]محال پردازد و بصعوبت تمام ملک‌را باصلاح آورد این خود در آن مدت قلیله نشده بود و از مقتضیات فلکیه در ین ازمنه [7]رئیسي که صلاحیت ریاست داشته باشد در همه روي زمین در میان نیست و در حال هر یک از سلاطین و [8]روسا و فرمان دهان آفاق چندانکه اندیشه رفت ایشانرا از همه رعیت یا از اکثر ایشان فرومایه تر و نا هنجارتر یافتم مگر بعض فرمان دهان ممالک فرنک که ایشان در قوانین و طرق معاش و

---

۱ Sir W. O. سیراب

۲ Sir W. O. نمودم

۳ Omitted in Keene's.

۴ Omitted in Keene's.

۵ Keene تدبیر—راي

۶ Omitted in Keene's.

۷ Keene رئیس

۸ Omitted in Sir W. O.'s.

ضبط اوضاع خويش استوارند و از آن [۱]بسبب مباينت تامه بحال خلق ساير اقاليم و اصقاع فايدهٔ چنان نيست

بالجمله از لار عنان عزيمت بصوب بندر عباسي معطوف داشته بآن بلده رسيدم و مدتي بيماري صعب عارض بود چون تخفيفي حاصل شد باز [۲]حزم سفر جاز كردم و جماعت [۳]فرنك را كه در آن بندر مي باشند با من اخلاصي تمام بود چون سفاين و جهازات ايشان بغايت وسيع و مكانهاي شايسته دارد و در دريا [۴]نيز بلدتر و از هر قوم ماهرتراند جهاز ايشان اختيار كردم

اكنون خامه سخن طراز بقية احوال پادشاه را بتقريب ارتباط كلام مي نكارد

---

۱ Sir W. O. سبب—نامه

۲ Sir W. O. عزم

۳ Sir W. O. فـرنـكـيـه

۴ Sir W. O. هم نيز

CHAP. XXXV.

محاربات پادشاه با جماعت درگزین و ۱ابا عساکر روم در آذربایجان و ظفر یافتن بر ایشان محصور ساختن قلعه ایروان ۲محاربه پادشاه با احمد پاشاه و شکست قزلباش مصالحه پادشاه با رومیان سفر دریا نمودن از بندر عباسي به بندر صورت و از آنجا بمکه معظمه تشرف بطواف و مناسك حجة الاسلام مراجعت از سفر ۳حجاز به بندر عباسي ۴فتح دار السلطنت هرات و قتل ابدالي ورود خان باصفهان مخلوع شدن شاه طهماسب از سلطنت و پادشاهي پسرش عباس میرزا مخالفت و محاربات ۵الوس بختیاري با خان معظم و اطاعت ایشان نهضت خان معظم ببغداد

---

۱ Omitted in Keene's. ۲ This head is omitted in Keene's.

۳ Keene حاج ۴ This head is omitted in Keene's.

۵ Keene الوثي Sir W. O. الوش or انوش

و شکست یافتن احمد [۱]پاشا و محصور شدن بغداد

پادشاه از اصفهان حرکت کرده با جماعت طاغیه [۲]درکزین محاربات کرده قلعه ایشان‌را منهدم و بقیة السیف‌را منقاد ساخته روي بآذربایجان نهاد و از آب ارس کذشته جماعت رومیه نیز مستعد کارزار شدند و در نواحي بلده ایروان تلاقي فریقین رویداده پادشاه بظفر اختصاص یافت و از حاضران معرکه شنیدم که نه هزار کس از رومیه در آن معرکه بقتل رسید و غنیمت فراوان بدست قزلباش افتاد و الحق فتح [۳]نمایاني بود و رومیان که در قلعه ایروان بودند متحصن شده پادشاه بمحاصره پرداخت

و اضطراب در ممالك روم افتاد و اولیاي دولت عثمانیه تدبیري اندیشیده احمد پاشاي بغدادرا با لشکر موفور بصوب عراق فرستادند تا باین وسیله پادشاه و

---

۱ Sir W. O. بادشاه ۲ Sir W. O. دژکزین

۳ Keene نمایاني

لشکر قزلباش ترک محاصرهٔ ایروان کیرند و چنان شد چون خبر وصول لشکر روم بعراق که در آن وقت از حاکم صاحب ۱شوکت خالي بود بپادشاه رسید دست از محاصرهٔ ایروان کوتاه نموده دفع آن لشکررا اهم دانستند و روي بعراق آورده در نواحي همدان تلاقي فریقین روي ۲داده قریب بهم فرود آمدند و احمد ۳پاشاي مذکور بحیله سازي مکرر ۴پیغام صلح و التماس ترک جدال و خصومت در میان آورد تا في الجمله لشکر قزلباش از استعداد محاربه در آن زودي غافل شدند

و چنان سخنان مصالحه در میان بود امّا چون آن دو لشکر کینه جو بغایت نزدیك و ۵دست بکریبان فرود آمده ۶بودند از هر دو جانب هنکامه طلبان معدودي بمیدان در آمده با هم ۷آغاز کارزار کردند و ممانعت از هر دو سو دشوار کشته ناکهان جنك

۱ Sir W. O. شوکتي ۲ Sir W. O. داد ۳ Sir W. O. پادشاي

۴ Sir W. O. پیام ۵ Keene دست و کریبان

۶ Omitted in Sir W. O.'s. ۷ Omitted in Keene's.

بزرگ در پيوست و روميان بحصار خرابي که متصل
بصفوف قزلباش بود در آمده استوار شدند و بنياد
تفنگ انداختن کردند صفوف قزلباش متلاشي و بعد
از ساعتي پراکنده ۱شده راه فرار ۲کشاد يافت پادشاه
هر چند کوشيد سود نکرد و چند کس از امرا
بعنانش آويخته اورا از معرکه بر آوردند و روميه
نيز قدم فراتر نگذاشته ببغداد باز گشتند و اين قدر
غلبه را غنيمت شمرده کسان زبان دان بالتماس صلح
و تمهيد مصادقت نزد پادشاه فرستادند و معذرتها
گذارش کردند پادشاه نيز رضا داده در ميانه مصالحه
واقع شد و پادشاه باصفهان باز گشت و همان روز که
من از بندر عباسي اراده سواري بجهاز و روانه شدن
بعزم حجاز داشتم مراسله ۳پادشاهي و جمعي از آشنايان
اردو رسيده اين حقايق معلوم گرديد

۴و من بکشتي در آمده به بندر صورت ۵در آمدم

---

۱ Sir W. O. شد—يافته
۲ Both Mss. کشاده
۳ Sir W. O. پادشاه
۴ For these two words Sir W. O. has دمي
۵ Omitted in Keene's.

و قریب بدو ماه اقامت کرده ا[1]ز آنجا روانه مقصد
گردیدم و فرنگیان در آن سفر نهایت بندگی و نیکو
خدمتی مرعی داشتند تا به بندر جدّه رسیدم و
ادراک این سعادت زحمتهای بی پایان سفر دریارا
فراموش ساخت پس از آنجا بادراک حج بیت الله
الحرام و امناسک پرداخته بتوفیق رب العزة این آرزوی
دیرین بحصول پیوست و در مکه معظمه بسبب [2]اشارتی
که در رویا روی داد رساله امامت را تحریر نمودم
و اراده توقف در آن مکان مقدس بود بجهتی چند
میسر نیامد و در شهر محرم خمس و اربعین و
مایة بعد الالف با قافله حاج لحسا رفیق شده آن
بیابان را در شدّت تابستان طی نموده بآن بلده آمدم
و از آن حدود بکشتی نشسته بجزیره بحرین و از آنجا
به بندر عباسی رسیدم

آنجا معلوم شد که اوضاع ایران باز در هم [3]شده
[4]که سانحه تغیر پادشاه در اوایل سال مذکور روی

---

۱ Keene منا ۲ Sir W. O. اشارت

۳ Sir W. O. شد—نمود ۴ Sir W. O. و

نـموده مجمل آن اينكه طهماسب قليخان در محاصره
هرات بـود كـه پادشاه‌را جنك همدان و مصالحه بـا
روميه اتفاق افتاد خان معظم اين قـضيه‌را حمل بـر
نقص تدبير نموده صلح مذكوررا انكار كرد و پس از
محاصره و مجادله هشت ماهه آن شهررا مفتوح و افاغنه
ابدالي‌را قهر و قـتـل كرده بقية السيف‌را در سلك
سپاه ملازم ساخته بمشهد مـقـدس باز كشت و چند
كس از مقربان و معتمدان پادشاه‌را طلب داشته
مطمين خاطر ساخت و عزم رزم احمد ۱پاشا و تسخير
بغداد كرده كفت بخدمت پادشاه رسيـده بعد از
رخصت ببغداد ميروم مقربان بخدمت پادشاه آمـده
از اظهار ارادت و اخلاصمندي او خاطر پادشاه‌را كه
تـفـرس داعيـه استقلال وي نموده انديشه‌ناك بود
مطمين ساختند ۲و خان معظم با لشكري موفور باصفهان
آمده بخدمت پادشاه رفت و سخن اجازت سفر
روم در ميان آورده مختار شد و عـازم حركت بـود

---

۱ Sir W. O. پـاشـاه بـه

۲ The following six words are omitted in Sir W. O.'s.

روزي مقربان ترغیب ۱رفتن پادشاه بمنزل وي که از باغهاي پادشاهي بود کردند و پادشاه ۲در خلوت سوار شده بآن باغ رفت خان مزبور پیاده استقبال نموده بمراسم خدمت پرداخت و بساط عشرت کسترده التماس ماندن آن روز کرد چون پادشاه باستراحت مشغول شد وي چند کس از سرداران لشکر خودرا طلبیده سخن در سلطنت راند که الحال صلاح آنست که بسبب ضعف طالع چندي پادشاه ترک سلطنت کفته بکوشه نشیند و پسرش‌را بسلطنت بر داشته معامله روم یکسو کنیم چون این معني ممهد بود ایشان نیز رضا داده پادشاه‌را از ین صلاح خبر دادند وي ناچار بقضا تن در داد و پسرش‌را که کودک دو ماهه بود ببارکاه پادشاهي در آورده خطبه و سکّه بنام او کرده بشاه عباس موسوم شد و شاه طهماسب‌را با ۳جمعي پاسبانان روانه خراسان نموده یکي از پردکیان سلطنة‌را خود پیشتر در حباله نکاح داشت در آن وقت

---

۱ Omitted in Sir W. O.'s. ۲ Omitted in Sir W. O.'s.

۳ Sir W. O. جمع

دیکري‌را در سلك ازدواج پسر بزرك خود در آورد و آنچه در خزانه و ۱کارخانه‌جات پادشاهي بود بتصرف خان معظم در آمد و بر جمیع ممالك ایران حکام از خود تعین نمود و شاه عباس مذکوررا چند کس همراه نموده بقزوین فرستاد جماعت بختیاري سر از ین معامله پیچیده شورش کردند و حاکم جدیدرا بکشتند به تنبیه ایشان از اصفهان نهضت کرد و پس از جنك و جدال متابعت کردند

خان معظم روانه بغداد شد و در راه با لشکري از روم مصاف داده غالب آمد و ببغداد راند احمد ۲پاشاي حاکم دار السلام با لشکري انبوه از شهر بر آمده در کنار شط بغداد مصاف داد و منهزم بقلعه کریخت خان معظم با شوکت تمام بمحاصره پرداخت و بر دجله جسر مستحکم بسته هر دو طرف شط و قلعه‌را فرو کرفته در تضیق محصوران کوشیده توابع و لواحق بغداد همه بتصرف قزلباش در آمده اکثر لکد کوب حوادث شد و احمد پاشا در آن قلعه داري

---

۱ Sir W. O. کارخانجات ۲ Sir W. O. پادشاه

الحق نهایت مردانگي و تمکین بکار برد و راه فرار هم نداشت و در اطاعت قزلباش مطیع نبود بهر حال پاي بیفشرد امّا چون با سپاه موفور محصور شده بود و مدت محاصره امتداد یافت در آن شهر انبوه قحط افتاد و مردم اکثر حیوانات ماکول و اغیر ماکول حتي سك و گربه را بخوردند و کار محصوران بصعوبت تمام کشید

چون برخي از ین سوانح گذارش یافت اکنون بذکر بقیة احوال خود میپردازد

---

۱ Sir W. O. غیرہ

CHAP. XXXVI.

بقية احوال خويش حركت راقم از بندر عبّاسي
ورود ببلده لار و تعدي حاكم و عمال در آن
ديار سرداري محمد خان ۱بلوچ در ملك فارس

چون به بندر عباسي رسيدم بنابر مشقتهاي سخت
كه در سفر حجاز كشيده و قروض بسياري كه بر گردن
افتاده بود طاقت حركت بجائي نداشتم مدّت دو ماه
در آن بندر مانده ۲بعض ۳ديون را بهر نوع صورتي داده
بقدر مقدور باحوال پريشان خود و وابستگان پرداختم
و در آن وقت بسبب انقلاب دولت و تغير قوانين
سلطنت و تعدي و تحميلات ۴زياده بر طبقات خلايق
آن مملكت بهم بر آمده اضطراب ۵و آشوب تمام بود و
خلقي را كه اصناف حوادث و بليّات رسيده پايمال

---

۱ Keene بلوج ۲ Omitted in Keene's. ۳ Both Mss. ديوان

۴ Keene زيان ۵ These two words are omitted in Keene's.

چندین ساله دشمنی مثل افاغنه ظالم بد معاش بودند اصلاً تاب و توان ۱تحمّل تعدي و ستم نبود و با این حال کماشتکان دیوان و عمال بر هر کس بوجوه مختلفه اصناف تحمیل و تحصیل زر در پیش داشتند عذر و عجز و لابه کسي مسموع نبود و هر کس بحال خود در مانده دادرسي در میان نه الحاصل که عجب حالتي مشاهده ۲میشد و مرا خود طبیعت مجبولست که ابقاي بر باطل و تمکین ظالم نتوانم و بر ادراك ملهوف و نُصرت مظلوم و حمایت ضعیف بي اختیار و اکر عاجز آیم آرام محال و زندکاني بر من حرامست در آن هنکامه بیچارکان ناچار بمن استغاثه میکردند و چارهٔ ممکن نبود و آنچه بر من کذشته عالم آلسّرایر بر آن آکاه است و در حمایت عجزه همیشه با عملداران بسختي و درشتي و ملامت و سر زنش مي بودم و چنان سودي نداشت چه بنیاد کار بر آن بود و حدّ و نهایتي نداشت

از بندر عباسي حرکت کرده عزیمت اصفهان نمودم

---

۱ Keene تحمیل و ۲ Keene شد

و بهر قلعه و قريهٔ كه ميرسيدم مردم جمع آمده در
ناله و زاري بودند چون در تمام آن ديار معروف
شده جائي نبود كه مردمش معرفتي نداشته باشند
نهاني و ۱اختفاي من مقدور نميشد تا ببلدهٔ لار در
آمدم شدّت ايّام زمستان و بارش بود و بر من ضعف
و ناتواني استيلا داشت و حالت سفر خاصّه بسردسير
نبود چند روز توقف كردم و اوضاع آن شهر خراب
نهايت ابتر بود حاكم سابق بمصادره كرفتار و حاكم
جديد چهار صد كس سپاه همراه و جمعي ديكر
خدمه و وابستكان داشت و از غرايب اينكه مقرّر
چنان شده بود كه اخراجات يوميه خودرا روز بروز
از مردم شهر بكيرند و از خارج بسبب خرابي و
نا امني طرق اجناس بآن شهر نميرسيد و ۲تسعيرات
بالا كرفته ماكولات كمياب بود و معدودي از
بيچاركان كه از آن همه حوادث باز مانده بودند
بفلاكت تمام روزكاري بسر مي بردند حاكم و سپاه در
اخذ ما يحتاج يوميه خود عنف و اشتلم داشتند و

۱ Keene اختفا without من ۲ Sir W. O. تغيرات

امير ديكر براي تعداد نخيلات آن ولايت آمده اضعاف معمول مطالبه و در آن مبالغه تمام داشت و بر ساير اشجار نيز خراجي كه هركز در آن ممالك [۱]رسم [۲]نبوده اختراع [۳]نموده وي نيز [۴]سركاري عليحده فرو چيده بر سر مردم افتاده بود و از جميع نواحي كه دست رس ايشان بود خراج و متوجهات سال آينده را نيز محصلان شديد كماشته تحصيل مي نمودند و از هر خانه رعيت يك نفر سپاهي با يراق و سامان مي خواستند كه در ركاب حاكم حاضر بوده بي مرسوم و مدد خرجي تا باشد خدمت نمايد و مقدار يك هزار كس از آن نواحي باين [۵]صنعه جمع آورده بودند و سه هزار كس ديكر طلب مي نمودند و يافت نمي شد اكر رعيت بيچاره بود رخت و يراق و سامان يساق نداشت و در سر زمين خود بايست بفلاكت و مزدوري قوتي براي خود و عيال

---

۱ Omitted in Keene's. ۲ Sir W. O. نبود

۳ Omitted in Sir W. O.'s. which has و instead. ۴ Keene سركار

۵ Sir W. O. ضعيفه

پيدا كند ويرا چكونه سفر ۱ميسّر بودي و كتخدايان ايشان در معرض مواخذه و تطاول بودند و با اين حال مطالبه سيورسات و آذوقه موفوره براي ذخيره مي نمودند

و اين سلوك مخصوص رعاياي شيعه لار بود كه اطاعت داشتند و برخي از محال آن كه بر مذهب شافعيّه اند و در ايّام استيلاي افاغنه نيز آسوده حال و تا آن زمان باز كشتي بحاكم ننموده در ۲مكانهاي خود متمكن و از ين تحميلات بر كران بودند و خان معظم محمّد خان بلوچ را سرداري مملكت فارس داده ۳به تنبيه ايشان مامور نموده بود و وي باتفاق حاكم شيراز با ۴حشري انبوه روانه آن صوب شده از كثرت تعدي ۵ايشان رعاياي بيچاره ميرميدند

---

۱ Omitted in Sir W. O.'s.

۲ Sir W. O. مكانات

۳ Omitted in Keene's.

۴ Keene حشر

۵ Omitted in Sir W. O.'s.

CHAP. XXXVII.

محصور شدن عبد الغني خان جهرم و محاربه نمودن
او با سردار فارس   کشته شدن حاکم لار و آشوب
آن دیار   آمدن محمّد خان سردار بلار و
محاربات او و مدافعه لاریان   عاجز شدن
محمّد خان و باز کشتن از لار   بر آمدن سکنه
لار از آن شهر

و سردار ببلدهٔ جهرم رسیده عبد الغني خان حاکم آن بلده که از نیکان و دوستان من بود و در آن مدت بحسن تدبیر و مردانکي آن بلده‌را از شر افاغنه محافظت نموده معمور داشت هر چند خواست که ایشانرا بساماني که مقدور بود خدمت نموده از آن حدود در کذراند راضي نشدند و درخواستهاي بیش از وسع نموده دست تعدي کشادند عبد الغني خان مذکور که بعدالت و رعیت پروري و مردانکي موصوف بود ناچار شده حصار شهر استوار کرد و با

سپاهي که داشت بحراست آن بلده پرداخت و در میانه وحشت خاسته سردار بمحاصره و استیصال او کمر بست و چندانکه وي سرداررا بمواسا و مدارا و رفع جدال پیغام داد در نگرفت

در ین احوال لاریان که طبیعت ایشان خالي از بي پروائي و مردانگي نیست بچاره کار خود در مانده از سلوك حاکم و عملداران بتنك آمدند و از رسیدن سردار و تعدي آن لشکر نیز وحشت تمام داشتند و حاکم نیز بنابر سلوك ناکوار خویش از ایشان نا مطمین و حذرناك شده سپاه و متعلقان خودرا جمع آورده در اندرون منزل خویش جاي داده پاس حزم میداشت و از ین غافل که

شعر

اَلنَّصْرُ لَيْسَتْ بِأَجْنَادٍ مُجَنَّدَةٍ
لَكِنَّهُ بِسَعَادَاتٍ وَتَوْفِيقٍ

از قضا روزي حاکم ببهانه از کلانتر آن شهر رنجیده وي‌را بفرمان او کشیده افکندند و چوب بسیار زده

محبوس ساخت و چند کس از اعیان‌را که بسلام
او حاضر شده بودند تهدید عنف کرد ایشان با مردم
شهر و وابستگان کلانتر نزد من آمده بنیاد شکایت و
اضطراب کردند چندانکه ایشانرا تسلّي و دلالت
بصبر و شکیب کردم سود نداشت و از حیات
کلانتر که در خانه حاکم محبوس بود مایوس شده
بیتابي و فزع مي نمودند و من حاکم‌را [۱] مکرّر باطلاق
کلانتر دلالت کردم تعلل مي نمود و اعیان شهر بارها
نزد او رفته بیگناهي و بیچارگي خود باز نمودند و
در استخلاص کلانتر کوشیدند فایده نکرد

حاکم روزي بوثاق من آمد با وي سخنان صلاح
آمیز بسیار گفتم و بسلوکي که در آن وقت شایسته
حال او بود رهنموني کرده حبس کلانترا که [۲] باعث
فتنه و موجب فساد میشد باو فهمانیده وي را از
حبس رها کرد مشروط بر آنکه در آن ولایت نمانده
روانه حجاز شود این معني هم قبول افتاد و کلانتر مذکور
عازم حرکت شد چون دو روز بگذشت حاکم پشیمان

---

۱ Omitted in Keene's.   ۲ For these two words Sir W. O. has عبث

شده اراده كرفتن وي نمود [۱]و مردم متوحش شده
شب با هم [۲]به نشستند و بدفع حاكم كمر به بستند هنكام
طلوع صبح بود كه همكي باتفاق كلانتر بخانه حاكم ريخته
[۳]صداي تفنك و غوغا بر خاست و حاكم با چند نفر
غلامانش كشته [۴]شد سپاهيانش هر يك بكوشه نهان شده
فوجي از ايشان بمنزل من پناه آوردند چون كار حاكم
بانجام رسيد كلانتر و ديكران بآن ازدحام و هجوم عام
نزد من آمدند و از مردم سپاه كه تعدي بسيار ديده
بودند [۵]عزم انتقام داشتند من [۶]در حمايت ايشان [۷]كه
بآن خانه پناه آورده بودند مبالغه كردم كلانتر و عامه
نيز خود جاب و رعايت آداب‌را كار فرما شده از
مزاحمت ايشان در كذشتند و همان روز آن
جماعت‌را عذر خواهي نموده با اسپ و اسبابي كه
داشتند از آن شهر سلامت روانه نمودم و كلانتر

---

۱ Omitted in Keene's. ۲ This and the subsequent به are omitted in Keene's. ۳ Sir W. O. صداع ۴ Sir W. O. شده

۵ For these two words Sir W. O. has اراده كينه خواهي

۶ Sir W. O. به ۷ This clause is wanting in Keene's.

واعیانرا سرزنش و ملامت بسیار بر اقدام آن کار در آن وقت که اصلاً ایشان‌را سامان و ۱ توانائي بانجام رسانیدن آن نبود و باعث استیصال و خرابي همکي میشد کردم لیکن امضاي تقدیر شده کار از دست رفته بود

و حاکم معزول که آشناي قدیم من بود از مصادره نجات یافته با مردم خود از آن شهر بطرفي بیرون رفت و پاسبانان قلعه لار از نفاق با مردم شهر همداستان نشده در قلعه نشستند و در ظرف چند روز طرفه فتنه و آشوبي در آن شهر بود و چند کس که با هم سابقه عداوتي داشتند نیز کشته شدند و نزدیک بآن رسیده که دست تطاول بیکدیکر افکنند بحسن تدبیر نایره آن فتنه‌را تسکین دادم و در آن حادثه مشقتي بمن رسیده که شرح نتوان کرد و چندانکه جهد مي کردم که از میان ایشان بطرفي بیرون روم سود نداشت و همکي بالتماس و ابرام ممانعت مي نمودند و از همه بهتر این که در

---

۱ Sir W. O. توائي

اطراف و اکناف شهرت یافت که اقدام ایشان بآن امر باشارت من بوده [۱]و چون یك هزار کس از آن مردم سکنه قري و نواحي بودند که حاکم ایشان‌را باکراه جمع آورده بود اکثر آن جماعت سر خود کرفته بمکانهاي خود رفتند

چون سردار فارس که بلدهٔ جهرم‌را محصور داشت از این حال آکاه شد حاکم شیرازرا با فوجي بمحاصره و تضیق آن بلده کذاشته خود با لشکر انبوه بسرعت تمام بقصد لار در حرکت آمد چون قریب بآن شهر رسید مردم همکي در یك محلّه مجتمع شده بفکر کار خود افتادند سردار بشهر نزول کرده بقتل و غارت آن مردم کمر بست و از هر طرف بآن محلّه هجوم آورده مردم نیز بمحافظت خود و مدافعت وي [۲]مردانه کوشیدند و یك هفته جنك امتداد داشت چون تسلّط خودرا بر آن محلّه بزودي دشوار دید و مهم جهرم در میان بود ناچار بمدارا پیش آمده بعد از کفتکوي

---

۱ Omitted in Sir W. O.'s.

۲ Omitted in Keene's.

بنا بر آن شد که نایبي در قلعه لار کذاشته خود مراجعت نماید و بعد از چند روز که مردم‌را اطمینانی حاصل شود هر کس بخانهاي خود رفته نایب نیز از قلعه بشهر آمده بحکومت قیام نماید و چنان ۱کرده کلانتر محقر پیشکشي بسردار داده باز کشت و نایب با ۲فوجي در قلعه بود و مبالغه در بر آمدن مردم از حصار آن محله داشت و ویرا از ایشان و ایشان‌را از وي اطمینان نبود آخر چنان شد که اعیان و اکثر ۳آن خلق ترك آن شهر ۴کفته با عیال و اطفال خود بهیات مجموعي با اسلحه و یراق و نهایت حزم و احتیاط عازم سکناي قري و نواحي شده بر آمدند

---

۱ Sir W. O. کرده   ۲ Sir W. O. فوج

۳ Omitted in Sir W. O.'s.   ۴ Keene کرفته

CHAP. XXXVIII.

ورود راقم حروف به بندر عبّاسي   سفر دريا از بندر عباسي بسواحل عمّان   رفتن بمسقط مراجعت به بندر عبّاسي   رفتن به ۱ بلدهٔ جرون   رفتن راقم حروف بمملكت كرمان   ۲ طغيان محمّد خان

و من نيز در آن وقت با ايشان بر آمدم و آن مردم ۳ در دو قريه كه املاك و اقطاع داشتند اقامت كردند و من از ايشان جدائي كزيده پس از چندي به بندر عبّاسي در آمدم و چند روز اقامت نموده از مشاهدهٔ آن احوال و اوضاع بتنك آمده طاقت تحمّل و شكيب نماند و هر كس را از افزوني تحميل و تعدي سركار ديوان اين مضمون ورد زبان بود

شعر عربي

يُدَاوَي بِمَاءٍ مَنْ يَغَصّ بِلُقْمَةٍ
وَكَيْفَ أُدَاوِي إِذْ شَرِقْتُ بِمَاءٍ

---

۱ Keene ولايت   ۲ Sir W. O. خروج   ۳ Sir W. O. در هر

و مرا همّت بدان مصروف شد که ترک ولایت ایران کفته از آن سواحل ببصره رفته بهر نوع خودرا بنجف اشرف رسانم امّا چون خان معظم بغدادرا محصور داشت و ۱تمامي عراق عرب از صدمات لشکر قزلباش بهم بر آمده لکد کوب حادثات شده بود مردم بصره نیز از دهشت پریشان حال و اکثر بدریا کریزان بودند و در آن شهر فزع قیامت ۲افتاده هیچکونه استقامت نبود چندانکه کوشیدم که از مردم آن سواحل کشتي بدست آورده روانه بصره شوم مقدور نکشت عذر آورده مي کفتند که مردم بصره کشتي مارا براي فرار خویش خواهند کرفت و ۳مرا زیاده بر آن طاقت ۴اقامت نمانده بود ناچار بکشتي جماعت ولندیسیه فرنك نشسته روانه سواحل عمّان شدم و در بلده از آن دیار که ۵بر سواحل بحر و موسوم ۶بصجار است نزول نموده مدّت دو

---

۱ Keene تمام ۲ Keene افتاد

۳ Omitted in Sir W. O.'s. ۴ Omitted in Keene's.

۵ Keene در ۶ Keene بصحار

ماه تقريبًا اقامت شد و از شدّت مكاره و صعوبات دلتنك شده ١مجال قرار نماند از قبيله رغاب اعراب سكنه آن حدود كشتي كرفته سوار شدم و بشهر مسقط از آن بلاد رفتم و از دو ماه افزون اقامت كردم وضع ٢كسيف آن ديار و شدّت كرما و ناخوشي آب و هوا مرا رنجور و عاجز ساخت

چه شد يا ربّ كه يكدم درد من تسكين نمي يابد
ز بيتابي سرم ميكردد و بالين نمي يابد

مجملاً چنان رنجور و ناتوان بكشتي نشسته به بندر عبّاسي مراجعت كردم چون شدّت تابستان و هواي آن بندر نيز بغايت ناموافق بود عارضه تپ ربع نيز بشدت تمام علاوه شده امراض ديكر هم بر مزاج استيلا يافت و بنا بر جهات طاقت توقف نبود ناچار بمحفّه نشسته بمحال جرون كه از لواحق آن بندر است و آبهاي جاري دارد رفتم و چندي در

١ Omitted in Sir W. O.'s. ٢ Keene كثيف

قراي آنجا بسر برده امراض شدّت داشت و از مكاره بيشمار و ملاحظه احوال بيچاركان و توقعات ايشان بر غيرت و همّت من كار دشوار شد مجال صبر و اقامت نماند و راه بيرون شدن از آن مملكت نداشتم بخاطر رسيد كه از مملكت ايران جائيرا كه نديده ام ولايت كرمان است و از اهالي آن ولايت كه آشنايان من بودند الحال چنان كسي باقي نمانده اكر تغير وضع خود داده بآن شهر يا قراي نواحي آن روم و در كوشه انزوا كزينم شايد چند روزي بسر توانم برد باين خيال تغير اوضاع خويش نموده خود با يك دو كس از خدمتكاران روانه كرمان شدم و در آن وقت مرا بسبب استيلاي اسقام و ناتواني طاقت اعتزال در غير معموره نمانده بود بالجمله چندي در قريه بسر برده آخر بشهر كرمان در آمدم و در كوشه نشسته با كسي معاشرت نداشتم اندك چند كس آشنا شدند و جمعي كه معرفتي داشتند مرا ديده شناختند و بودن من در آن شهر نيز نهان نماند القصه چند ماه اقامت نموده اوضاع آن ولايت خراب نيز بسبب شورش

جماعت [۱] بلوچ و حوادث دیکر اختلال تمام داشت
از آن جا عازم حرکت بصوب مشهد مقدّس شدم
چون زمستان رسیده بود و راه خراسان سردسیر
سخت است و مرا شدت تب ربع بغایت ناتوان
و عاجز داشت مردم مانع آمدند

و در آن اوان محمد خان بلوچ سردار فارس با
خان معظم طهماسب قلي خان دل [۲] دکر کون
کرده از خوف [۳] جان سر از اطاعت وي بپیچیده بود
و رقم اختصاص بر مملکت فارس کشیده کماشتکان
خان معظم را محبوس داشت و دعوي بندکي و
اخلاص بشاه طهماسب مي نمود وي اکرچه خالي از
دلیري نبود امّا بغایت سبکسر بود و تمکین ریاست
نداشت مردم چون ستم رسیده و بالطبع هوا خواه
خاندن علیه صفویه و او لاف ولاي ایشان میزد
بجانب وي رغبت نموده لشکري انبوه داشت

---

۱ Sir W. O. بلوّچ ۲ Sir W. O. در دکر کونه

۳ Sir W. O. خــان

CHAP. XXXIX.

سرداری توپال پاشا و آمدن ۱عساکر روم بعراق عرب

جنك خان معظم با توپال پاشا سردار روم فتح توپال پاشا و اقامت وی در کرکویه آمدن لشکر رومیان بحدود کردستان محاربه خان معظم با لشکر روم و ظفر یافتن جنك توپال پاشا و قتل وی فرستادن جسد توپال پاشا ببقعه ابی حنیفه محاصره بغداد نوبت ۲دویم

مجملاً در کرمان بودم که خبر شکست یافتن خان معظم از سپاه روم شهرت ۳یافته و خلاصهٔ آن اینکه

چون محاصره بغداد بیك سال ۴کشید و احمد پاشا چندانکه خواست خان معظم را بمصالحه راغب سازد

---

۱ Keene عسکر ۲ Sir W. O. دوم

۳ Sir W. O. یافت ۴ Sir W. O. کشیده

صورت نبست اولیاي دولت عثمانیه چاره جو [1]شده در فکر تدارك آن حادثه بودند از اعاظم امراي خود توپال پاشا نامي را که سالها در حدود فرنك سردار [2]و با آن جماعت کارزار نموده بشجاعت و راي بلند آوازه بود سردار عراق عرب نموده با لشکري گران بجنك خان معظم روانه نمودند چون خبر قرب وصول او ببغداد رسید خان معظم جمعي را بحراست اطراف قلعه بغداد کذاشته خود با [3]لشکري از قزلباش روي باو آورد و در استقبال آن لشکر شتاب و ایلغار نموده [4]تا قرب سي فرسنك راه عنان باز نکشید سردار روم لشکر خودرا دو قسمت نموده خود در دنبال بود و مقدمه آن لشکر بر سر آبي فرود آمده توپخانه خودرا باسلوب استوار و از قرب وصول قزلباش آکاه و مستعد کارزار بودند اوّل صباح خان معظم بایشان رسیده [5]جنك در پیوست و پس از ساعتي سردار روم و بقیهٔ لشکر و حشر بآئین تمام

---

۱ Sir W. O. شد with و before اولیاي ۲ Omitted in Sir W. O.'s.

۳ Sir W. O. لشکر قزلباش ۴ Omitted in Keene's. ۵ Keene بجنك

صفوف آراسته و توپخانه بر کرد لشکر بهم پیوسته در رسیده هنکامه کارزار سختی کرفت و در آن بیابان سوای آبی که رومیان آنرا فرو کرفته بودند آب نزدیك نبود بالجمله تا هنکام زوال آتش قتال افروخته و معرکه کارزار کرم بود آخر از حرارت آفتاب و غلبه تشنکی پیادکان و تفنکچیان لشکر قزلباش از حرکت باز ماندند خان معظم بحفر چاهها امر کرد و در آن زمین عمق عظیمی بایست تا آب پدید آید حال سپاه زبونی کرفت و رومیان زور آورده ۱بسی از سواران و اسپان قزلباش بزخم تفنك در غلطید و از آن جمله اسپ خان معظم بود القصه آن سپاهرا قوت مقاومت نمانده منهزم شدند و راه عراق عجم پیش کرفته کس ببغداد فرستاده جمعی را که بمحاصره آن قلعه مانده بودند طلبیدند ایشان نیز شب ۲هنکامه کوچیده روانه عراق عجم شدند

و احمد ۳پاشا از محاصره بر آمده مشغول کشیدن

---

۱ Sir W. O. بسیاری ۲ Keene هنکام

۳ Sir W. O. پادشاه

اجناس بقلعه و تدارک ذخیره شد و سردار بحوالي
قلعه بغداد آمده چون در آن حدود آذوقه که وفا
بعلوفه آن لشکر بیکران کند یافت نمیشد بصوب
کرکویه عطف عنان نموده آنجا مقام کرفت و فوجي
از عساکر خودرا با چند کس پاشایان معتبر از راه
حدود کردستان بعراق عجم روانه نمود که استعلام
احوال کرده در آنچه صلاح وقت باشد کوشند

و خان معظم آن لشکر منهزم شده‌را از پراکندکي
مانع آمده بهمدان آمد و این در اواسط سال ست
و اربعین و مایة بعد الالف بود در آن شهر خزانه
از سابق داشت بانعام و احسان و تدارک احوال
ایشان پرداخته و جمعي از سپاه که در اطراف
داشت طلبیده در مدّت یکماه باز لشکري بسامان
بیاراست و از حال آن فوج رومیه آکاه شده بعزم
رزم ایشان از همدان ایلغار کرد و چون بلاي
۱ناکهاني بر سر آن قوم رسیده معرکه کارزار کرم
ساخت و از ۲حملات لشکر قزلباش شکست در رومیه

---

۱ Sir W. O. ناکهان ۲ Sir W. O. حملات

افتاده سردار آن با جمعي مقتول و برخي توپخانه و سامان بر جاي نهاده راه فرار گرفتند خان معظم بصوب کرکویه راند توپال پاشاي سردار نیز از آن شهر بر آمده با لشکر بیشمار صف آرا شد و پس از کوشش بشیار خان معظم بفتح و ظفر اختصاص یافته خلقي انبوه از لشکر روم بخاك هلاك افتادند و سر توپال پاشارا یکي از قورچیان قزلباش بریده نزد خان آورد و تن اورا نیز بموجب فرمان پیدا نموده آن سر و تن‌را بهم دوخته ۱یکي از افندیان اسیر بحکم خان معظم ببغداد برده در مقبره ابو حنیفه دفن ۲کردند و بقیة السّیف رومیان بحال تنباه راه فرار گرفتند خان معظم آن حدودرا لکد کوب حوادث نموده ببغداد رفت و بار دیگر آن شهررا در میان گرفت

---

۱ These four words are wanting in Sir W. O.'s. ۲ Keene کرد

CHAP. XL.

حرکت راقم از کرمان به بندر عبّاسي ترك محاصره بغداد و توجه بدفع محمد خان قتل ۱شوشتر و خرابي آن جنك محمد خان هزيمت محمد خان بصوب خطه لار

مجملاً در کرمان بودم که شکست لشکر قزلباش و معاودت خان معظم از بغداد اتفاق افتاد بخاطر رسيد که در اين وقت از بنادر فارس شايد ببصره و نجف اشرف رسيدن ميسر تواند شد باين عزم روانه بندر عباسي شدم و در آن راه از ناتواني و شدت تب ربع که مدت شانزده ماه بود عارض شده مشقتي سخت کشيدم تا آنکه ببندر مذکور رسيده هنوز راه دريا ببصره ۲مسلوك نشده بود در آن بندر اقامت کردم پس از چندي خبر وصول خان معظم ببغداد

---

۱ Keene ششتر ۲ Sir W. O. سلوك

و دیگر بارہ محصور شدن بغدادیان رسیدہ عایق حصول مقصود گشت

و محمّد خان بلوچ بر فارس استیلا داشت و آوازۂ عزم تسخیر اصفهان و عراق و استخلاص ۱شاہ طهماسب در افکندہ بود و گماشتگان خان معظم که در اصفهان و آن حدود اقامت داشتند بنا بر عدم استطاعت مقاومت ۲با وي هراسان شدہ طغیان اورا بابلغ وجهي بخان معظم معروض و آن حادثه را بغایت عظیم وا مینمودند و خان مذکور کار بغدادرا نزدیک بانجام رسانیدہ ۳و هراس بیقیاس بر احمد پادشاہ و محصوران مستولي شدہ اصلاً حالت صبر و سامان قلعه‌داري نداشتند و در همان اوان قلعه کشادہ مي شد لیکن سوانح فارس و عراق خان معظم را بیقرار ساخته زیادہ صلاح در اقامت آن حدود ندید و با احمد پاشا سخن مواسا در میان آوردہ قول و قرار چند واقع شد او خود این معني را هرگز امید نداشت از نعمتهاي عظمي شمرد

---

۱ Omitted in Sir W. O.'s. ۲ Two words not in Keene's.

۳ Omitted in Keene's.

و خان معظم بعزم دفع فتنه محمد خان از بغداد بسرعت برق و باد در حركت آمده ببلدهٔ شوشتر رسيد و سكنه آن بلده بانقياد محمد خان معروف و بهواخواي وي متهم بودند در آن وقت ابو الفتح خان حاكم آن ديار بقتل رسيده بسياري از اعيان و اهالي آنجا مقروض تيغ [۱] ياسا شدند و آنچه از خفت و خواري و [۲] نهب و غارت [۳] و قتل و [۴] اسر نسبت بساكنان آن ديار واقع شد مجال ذكر نيست و خان معظم فوجي از لشكررا بجانب فارس روان كرد و خود نيز از عقب در حركت آمد محمد خان نيز از شيراز با لشكري كه داشت بعزم رزم نهضت نموده در حدود كوهكيلويه تلاقي دست [۵] داده و محمد خان پاي ثبات فشرده جنكهاي سخت كرد و نزديك شد كه آثار غلبه ظاهر سازد و در آن وقت آوازه وصول خان معظم كه از دنبال مقدمه لشكر خود مي

---

۱ Sir W. O. پاشا ۲ Sir W. O. نهيب

۳ These two words are omitted in Sir W. O.'s. ۴ Sir W. O. اسير

۵ Sir W. O. داد

آمد شيوع يافته لشكريان فارس را دل از جاي رفت
و شب در رسيده بود اكثر آن سپاه ظلمت ليل را پرده
حجاب خويش ساخته پراكنده شدند چون صبح شد
چنان كسي با محمد خان نمانده بود معدودي از قوم
او و نزديكان و چاكرانش كه بسه هزار تن نميرسيدند
بر گرد خيمه او باقي ١ مانده بودند محمد خان ناچار
از آن مصاف عنان تافته بايلغار ببلده لار در آمد و
در آنجا يكي از اقوامش را با فوجي بحكومت گذاشته
بود بر آن شد كه فوجي از مردم ٢ آن ٣ گرمسير نيز
فراهم آورده ديگر باره مستعد كارزار شود

---

١ Omitted in Sir W. O.'s. ٢ Omitted in Keene's.

٣ Sir W. O. بگرمسير

CHAP. XLI.

بر آمدن راقم حروف از ایران و سفر دریا از بندر عباسي به تته روانه شدن از تته بخدا آباد رسیدن به [۱]بهکر [۲]روانه شدن بملتان و اقامت در آن معذرت نگارش این اوراق سانحه شیوع وبا در ملتان حرکت نمودن از ملتان و ورود بلاهور حرکت از لاهور و رسیدن بشاهجهان آباد، [۳]رجعت قهقري بلاهور

و در بندر عباسي چند کس از عاملان خان معظم بودند در آن وقت چند کس از محمد خان نیز رسیده هر دو فرقه تطاول و تعدي مینمودند روزي بر چند کس از بیچاره‌گان ستمي سخت رفت و مرا خاطر شوریده از ملاحظه آن [۴]احوال بي تحمل شده دل از

---

۱ Sir W. O. بهکهر ۲ For these two words Sir W. O. has رسیدن

۳ This head is omitted in Sir W. O.'s. ۴ Omitted in Keene's.

جاي برفت و عزيمت بر آمدن از آن ولايت كردم كشتي در همان وقت روانه سواحل بلاد سند بود من هم عزم روانه شدن مصمم نمودم و اين اندر روز دهم رمضان المبارك ستّ و اربعين و ماية بعد الالف بود ۲كپيتان جماعت ۳انكلييه فرنك چون از اراده من آكاه شد بمنزل من ۴آمد و از رفتن بهندوستان ممانعت آغاز كرده برخي از زشتيهاي اوضاع آن ملك برشمرد و ترغيب رفتن بفرنك مينمود و در آن باب مبالغه بسيار كرد راضي نشدم و در همان روز ترك همه چيز كفته خود تنها بكشتي در آمده روانه حدود سند كشتم

و بيكي از سواحل ۵تته رسيده غرّه شوال بود كه بآن بلده در آمدم و نميخواستم كه در ين ۶مملكت كسي مرا شناسد ميسّر ۷نشده و همان روز كه ۸بتته

---

۱ Omitted in Keene's, ۲ Sir W. O. كشتيان

۳ Sir W. O. انكليسيه ۴ Sir W. O. آمده

۵ Keene تهته ۶ Sir W. O. ملك

۷ Sir W. O. نشد ۸ Keene بتهته Sir W. O. به تتّه

رسیدم جماعتي از تجار آن بلده که در فارس مرا دیده بودند آگاه شدند و جمعي از اهل ایران نیز در آنجا اقامت داشتند و اکثر از آشنایان بودند بالجمله این معني در هیچ شهر ازین مملکت صورت نبست و اگر مقدور شدي هر آینه موجب رفع بسیاري از مکاره و مصایب و آلام بیشمار من بودي و این مقدار که هستم مبتلا بگوناگون اندوه و ملال و زبوني حال نبودم چه صعوبت و غم تنهائي و بیکسي [1] از آن روز تا حال تحریر که اواخر سال اربع و خمسین و مایة بعد الالف است همیشه مصاحب و مستوعب اوقات من بود و از نتایج روشناسي و گاه گاه ملاقات و مجالست ساعتي با اصناف خلق روزگار ادرین دیار که وارد منزل من گردیده اند تن و جان گداخته بیان چگونگي و وجوه و اسباب متکثره آن در خور نگارش نیست و من این مدت اقامت را درین مملکت از زندگاني محسوب نداشته همانا آغاز رسیدن بسواحل این ملك انجام عمر و حیات بود و در این

---

[1] These three words are omitted in Keene's.

مدت هشت سال از آنجا تا بلدهٔ دهلي که معروف بشاهجهان آباد است دیده ام و آنچه از اوصاف و احوال و اوضاع این مملکت و ساکنانش شنیده و یافته بودم همه [۱]معاین و آنچه نشنیده و بخاطر خطور نکرده بود مشاهد و معلوم شد

از دو ماه افزون در تته اقامت نموده [۲]از بي صبري و حرکت از ایران خودرا ملامت کردم و از اختیار نکردن سفر بممالك فرنك ندامت کشیدم و موسم سفر دریا کذشته تابستان در رسیده بود و در مراجعت بایران یا بجاي دیکر انتظار موسم آینده بایست کشید بالجمله در آن بلده از بي آبي و بد هوائي و اوضاع زشت که این مملکت را عرض عامست بي آرام شدم مردم کفتند ببلدهٔ خدا آباد از معمورهاي سند که چند روزه راهست باید رفت و بچندان ماونتي احتیاج نیست بکشتي از راه رودخانهٔ که از نواحي تته تا کنار آن شهر کشیده مي توان رفت و قسمت چنان بود

---

[۱] Sir W. O. معاینه — مشاهده [۲] Sir W. O. بر

۱بسواري کشتي بخدا آباد در آمدم و از شدت حرارت و ناخوشي هوا و هجوم احزان و شدايد بامراض مختلفه صعبه کرفتار شده مدت هفت ماه در آنجا بيکس و بيمار بيفتادم چون بعض امراض‌را انحطاطي روي نمود و زياده ۲توقف باسباب مختلفه مقدور نبود حيرتي طرفه عارض شد

بفرمان قهرمان تقدير باز بسواري کشتي بشهر بهکر که چند روزه راه بر کنار همان آب سند است رسيدم و اصلاً طبع‌را ملايمت و طاقت بر تحمل اوضاع و اطوار ۳اشخاص اين ديار نبود و بيکسي و بي ساماني و قصور مقدرت علاوه وحشت و آلام بود قريب ۴بيك ماه توقف نموده نا تواني و اختلال بر مزاج استيلا داشت ۵ناچار بمحفه نشسته بصوب ملتان روان و آن منازل‌را بمشقت طي نموده بقريه که نزديك ۶بحصار آن شهر است رسيده مقام کرفتم

---

۱ For these two words Sir W. O. has only بكشتي ۲ Sir W. O. مكث

۳ Omitted in Keene's. ۴ Keene يك

۵ Sir W. O. ناچار نموده ۶ Keene حصار

و ديدن اين مملكت زياده بر همان مقدار بغايت مكروه و پيوسته اميدوار نجات بوده عوارض احوال ايران بر خاطر گوارا شد و همت مصروف بمعاودت بود و مقدور نميگشت تا آنكه مدت اقامت در آن قريه بتنهائي و ناكامي قريب بدو سال رسيد و كاهي در آن ملال و اختلال خودرا بنوشتن مشغول ساخته هوش رميده و حواس پريشان شده‌را اين ندا ميدادم

مطرب سماع بر كش و ساقي شراب ده
ايّام‌را ۱ بمال و فلك‌را جواب ده

و رساله كنه الهزام‌را كه در بيان قضا و قدر و خلق اعمال است با چند رساله ديكر در آن مقام تحرير نموده ام

و مخفي نباشد كه حالات ايّام اقامت اين ديار از حوصله تحرير بيرون و مرا از التفات بذكر مجملي هم از

---

۱ Keene يمال

آن ناموس مي آيد و اصلاً قابل تعرض و نقل [1]نيست و اكر عنان [2]قلم بذكر [3]شمّهٔ از بقية سوانح ايّام خويش معطوف شود ناچار برخي از قبايح و فضايح احوال و اوصاف اين ديار كدورت آثار شنعت اطوار نمايش خواهد كرفت و بر كلك و صفحه افسوس است همان بهتر كه ناظران چنانكه نكارش يافت بدايت ورود مرا باين كشور نهايت و انجام زندكاني تصوّر [4]نمايند و نيز پوشيده نماند كه مجموع تحرير اين اوراق و التفات بنكارش خلاصهٔ اين احوال شيوهٔ خامه و پيشهٔ همّت و مناسب اوقات و مرغوب خاطر و مانوس طبيعت اين خاكسار نبود بلكه فكرت و رويت از ين شيوه [5]بغايت بيكانكي و احتراز داشته بخاطر نميكذشت چه قطع نظر از عدم مناسبت افسانه كوئي با احوال و [6]پستي رتبه و قلّت فايده و خساست اين مقال موانع و معايب ديكر نيز داشت

---

[1] Sir W. O. نيّت [2] Omitted in Keene's.

[3] These two words are not in Keene's. [4] Keene ننمايند

[5] Omitted in Keene's. [6] Sir W. O. پشتي

که شایان این ابیمقدار نبود چه بعض سخنان بسا باشد که در نظر بیخبران ۲متشبهه بشیوهٔ خود نمائي که سرمایهٔ فرومایکان و نزد این بیمقدار سر همه قباحت کرده و لله الحمد والمنّة افراط دوري و ۳تجنّب من از ین شیوه فطري و بحدّیست که موجب زبوني و خمول در دنیا شده امّا باعث بر تسوید آن شد که در ین اوان که آخر سال اربع و خمسین و مایة بعد الالف است و در بلدهٔ دهلي با شدّت آلام و اسقام زاویه نشین اعتزال و خاطر شوریده لبریز ملال بود آسایش و آرام کرانه کرفته از تعطیل ۴قوا و هجوم انده خاطر بهیچ چیز مشغول نمیشد و شبها خواب نبود بي اختیار آنچه مجمل احوال بزبان قلم آمد در دو شب تا این مقام تسوید نمودم ناظران بذیل عفو و اغماض در پوشند که حوادث دهر ناسازکاررا کارها و دل و دماغ شوریده آزرده را اثرها است

---

۱ Sir W. O. مقدار

۲ Sir W. O. مشبّه

۳ Sir W. O. بخت

۴ Keene قوي

عربي

الَي اَللَّهِ اَلْمُشْتَكِي مِنْ دَهْرٍ عُنُودٍ
وَخَلْقٍ مَرْدُودٍ قَلِيلٌ حَيَاءٍ وَهُمْ كَثِيرٌ
شِقَاءٍ وَهُمْ عُلَمَاءٌ هُمْ جُهَلَاءُ هُمْ أُمَرَاءُ هُمْ
سُفَهَاءُ هُمْ اَتَّخَذُوا اَلْهَوَي رَبًّا تَعْسًا لَهُمْ
وَتَبًّا رَبَّنَا أَفْرِغْ عَلَيْنَا صَبْرًا وَتَوَفَّنَا
مُسْلِمِينَ

شعر

الَا مَكَّتَ اَللَّهُ دُنْيَانَا فَقِيمَتُهَا
لَيْسَتْ تَفِي عِنْدَ ذِي لُبّ بِقِيرَاطٍ
دُنْيَا تَأَبَّتْ عَنِ اَلْاَحْرَارِ قَاطِبَةً
۲وَطَاوَعَتْ كُلَّ ۳صَفْعَانٍ وَضَرَّاطٍ

فارسي

گران افتاد لنگر كوهٔ درد سينه فرسارا
خدا صبري دهد دلهاي از جا رفتهٔ مارا

---

۱ Sir W. O. أَلَا

۲ Sir W. O. فطاوعت

۳ Sir W. O. ضعفان

اکنون چون ذکر برخي از احوال بعد از ورود باین دیار مي خواست بقلم ۱آید اکر بطریق اجمال بقیهٔ آن نیز صورت انجامي یابد باکي نیست

چون مدّتي اتفاق اقامت در ملتان واقع شد سانحه غریبه روي نمود و در تابستان رودخانه سند که از آن ناحیه مي کذرد طغیان کرده صحرا و شوارع را ۲فرو کرفت و خرابي بسیار بعمارات و مساکن آن دیار رسیده مدار تردد بر کشتي شد و جماعتي غریق کشتند چون موسم خریف رسید طغیان آب از صحاري و قري روي بکمي نهاده بعض زمینهاي مرتفع خشکي کرفت و مردم سال خوردهٔ آنجا مي کفتند که قبل از ین نیز بعهدي چنین شده بعد از نقصان آب علت وبا عام کشته خلقي بیحساب هلاک کردیده اند و در آن سال نیز چنان شد مردم به تب لرزه مبتلا کشته اکثر بطریق غبّ بود و کمتر کسي از آن مرض صحت یافته باشد و اصلاً چاره پذیر نبود آنها که معالجها کردند و آنان که نکردند همه در

---

۱ Sir W. O. آمد ۲ Sir W. O. در

کذشتند مکر بعضي که از آن ديار بيرون رفتند و يا
در اجل ايشان تاخيري بود و اين حادثه قريب به
پنج ماه امتداد يافت و مرا هم اين تب بشدت
تمام عارض شده حالتي باقي نکذاشت و در آن قريه
که اقامت داشتم کسي بر جا نمانده از آبادي بيفتاد
و ضروريات لابديه يافت نمي شد و از همه ضرورتر
وجود خدمتکار بود که حکم عنقا داشت و اکر
بندرت در اوايل آن حادثه شخصي يافت مي شد
که صحتي داشت بعد از دو سه روز مريض کشته
محتاج به پرستار و خدمتکار ديکر بود تا آنکه ١بمرد
و صعوبت معيشت و زندکاني بهر حال در هندوستان
بر کسي که ساير ممالك عالم‌را ديده باشد پوشيده
نيست و اسباب و علل صعوبت از آن بيشتر است
که معدود شود مجموع اوضاع و احوال اين ملك
مقتضي مشقت و تلخي معيشت است و اين معني بر
مردمش مکشوف نيست بلکه خودرا متعيّش و مرفّه‌تر
از خلق ٢عالم دانسته آن صعوبات و منافرات با طبايع

---

١ Keene بهيرد

٢ Wanting in Sir W. O.'s.

ایشان ملایم و کوارا و غیر ملحوظ و بهر حال ۱محفوظند معیشت در این کشور بی استجماع سه ۲چیز میسّر نیست و آن زر وافر و زور موفور و بلدیت تمام است و بر تقدیر استجماع شرایط مذکوره نیز اوضاع بغایت مختل و بی رونق و ادنی چیزی بی سعی و سرکردانی و انتظار مقدور ۳نمی شود و آن قدر کاری که در ممالک دیکر بیک نفر کار کذار سر براه تواند شد اینجا بده کس سر انجام نیابد و چندانکه بر خدم و حشم و اسباب مکنت ۴بیفزاید اوضاع ناهنجارتر و بی انتظام تر است

بالجمله از ملتان ناچار در چنان شدتی روانه لاهور شده بمشقت تمام بآن بلده رسیده بعد از چندی آن تب رفع ۵شده صحتی رویداد و تخمیناً سه ماه اقامت نموده ۶باسبابی چند ماندن در آن شهر مکروه و مضطر بسفر شدم و طرق و شوارع تمامی این مملکت همیشه نا امن و خطرناک است و با وجود

---

۱ Keene محضوضند ۲ Sir W. O. شرط ۳ Sir W. O. نه

۴ Wanting in Sir W. O.'s. ۵ Sir W. O. شد و ۶ Sir W. O. باسبابي

نفرت و کراهت وصول ببلده دهلي که مقر پادشاه
هند است ناچار از لاهور حرکت نموده قهرمان
قضا بدهلي رسانید و مدّت یك سال افزون اقامت
نموده هجوم [۱]هموم بي آرام ساخت و عزم [۲]بر بیرون
رفتن از این [۳]ملك مصمم شده مراجعت بلاهور کردم
و پیش نهاد خاطر این که از صوب کابل بقندهار رفته
در مملکت خراسان هر کوشه که اتفاق شود عزلت
کزینم مقارن وصول بلاهور خبر رسیدن لشکر قزلباش
بقندهار بقصد تسخیر و استرداد از ید افاغنه و محصور
ساختن آن قلعه رسید و مرا عارضه بیماري سخت
بر بستر ناتواني افکنده مدّتي امتداد یافت و هوا
کرمي کرفته ایام برسات و شدّت بارش این دیار
در رسیده و اقامت در لاهور بطول انجامیده منتظر
وصول خبر انفصال مقدمه قندهار بودم که آن عایق
از سر راه بر خیزد و محاصره آن و آشوب در آن
حدود امتداد یافت

---

[۱] Sir W. O. ملال و اختلال احوال

[۲] Omitted in Keene's. [۳] Sir W. O. مملکت

CHAP. XLII.

بقیة سوانح ایران بعد از ورود بهندوستان فرار محمد خان و کرفتاري وي کشته شدن محمد خان بدست خود استیصال رعایاي شافعیه از خطهٔ لار محاربات با رومیه و شکستهاي فاحش ایشان جنك لزکي و انهزام ایشان

اکنون مجملي از وقایع ایران را که بعد از حرکت از آن مملکت بهندوستان مسموع و معلوم شده بطریق ایجاز در این مقام مي نکارد [1] تا ذکر آن قضایارا نیز صورت انجامي پدید آمده منتظران حقایق اخباررا انتظاري [2] نماند

نکاشته خامه وقایع نکار شده بود که خان معظم طهماسب قلیخان ترك محاصرهٔ ثانیه بغداد بسبب

---

[1] Sir W. O. تا و

[2] Sir W. O. نماند

آشوب و استيلاي محمد خان بلوچ در فارس نموده بعزم استيصال وي بكوهكيلويه آمد و بعد از محاربه محمد خان مذكور منهزم شده بلار و كرمسيرات آن حدود آمده در انديشه كار خود بود مجملاً خان معظم بشيراز رسيده كماشتكان خودرا كه بحكم محمد خان مقيد بودند رهانيده نوازش نمود و هر كس از متوسلان محمد خان هر جا بدست افتاد مورد سياست و باز خواست شده لشكري بدفع محمد خان بكرمسيرات لار [1] فرستاد محمد خان شهر و قلعه لاررا كذاشته با فوجي كه داشت بآن حدودي از لار كه رعاياي آن شافعيه و در آن وقت معموري و جمعيتي داشتند در آمده بفكر [2] و سامان لشكر و تهيه مدافعه افتادان قوم بخيال باطل از وي هراسان شده آن همه مخالفت و منازعت اورا با خان معظم حمل بر مواضعه و تدبير خان معظم در استيصال آن طبقه كه چند سال بود اطاعت شايسته نداشتند نموده

---

1 Sir W. O. فرستاده 2 Omitted in Keene's.

محمد خان مذکور هر چند کوشید اتفاق ۱و همراهي از آن قوم ندید و چندانکه خواست ایشانرا بفهماند که بعد از من کسي بر شما ابقا نخواهد کرد و به تنهائي از تدبیر کار و محافظت خود عاجزید سود نکرد و لشکر خان معظم بآن حدود در آمده آن قوم پراکنده در قلاع و قراي خود متحصّن شدند و محمد خان با معدودي که داشت راه فرار پیش کرفت که شاید خودرا ببلوچستان یا قندهار رساند فوجي از لشکر قزلباش بر وي سر راه کرفته جماعتي از همراهانش مقتول و خود زنده کرفتار شده ویرا نزد خان معظم بردند و بعد از معاتبات درشت و بر آوردن چشمهاي وي بخنجر محبوس کردید چون میدانست که باقبح وجهي کشته خواهد شد ۲در همان شب حربه بدست آورده خودرا هلاك کرد و لشکر خان معظم آن کرمسیررا لکدکوب حوادث ساخته آن طبقه شوافع‌را مستاصل ساختند و معدودي بقیة

---

۱ Omitted in Keene's.

۲ Omitted in Keene's.

السيف ايشانرا باطراف كوچانيده از بلاد ديكر رعايا آورده در آن امكنه سكني فرمودند

و خان معظم باصفهان رفته از آنجا بآذربايجان نهضت كرد و با لشكرهاي روم چه در حدود آذربايجان و چه در حدود ممالك ايشان بكرّات مصافهاي سخت و محاربات صعبه نموده در هر بار ظفر يافت و سرداران بسيار و لشكر بيشمار از روميه در آن معارك مقتول شده قلعه ايروان و كنجه و برخي از مملكت كرجستان و آن حدود كه در تصرف ايشان مانده بود تمامي انتزاع شده جائي از مملكت ايران بضبط آن جماعت باقي انهاند و باين اكتفا نكرده چندي در حدود مملكت ايشان استقامت نموده كارزار كرد و اكثر آن دياررا خرابي و ويراني تمام رسيده از شكستهاي متواتر و ناچيز شدن سپاه بسيار و پاشايان نامدار و تلف شدن خزاين و سامان موفوره و خرابي اكثر حدود ضعف تمام بر احوال روميان راه يافته رونقي در سلطنت

---

۱ نهانده Sir W. O.

ایشان نماند و خوف و هراسي عظیم بسکنه آن دیار از سلطان و رعیت مستولي شده از جمعي مسافران هندوستان که از حجاز مي آمدند استماع افتاد که در حدود مصر و شام و بلادي که از نواحي ایران دور بود ساکنانش را از سپاهي و رعیت بخوف و هراسي مشاهده شد که مارا نیز در میانه ایشان خواب و آرام نبود و رومیه از خان معظم مکرر درخواست مصالحه نمودند و صورت قبول و استقرار نیافت

پس از حدود روم عطف عنان بداغستان نموده ولات جماعت لزکي که در ایام افترت سر از اطاعت پادشاه ایران پیچیده با رومیان موافقت و هنوز راه متابعت و اعتذار نه سپرده بودند اوّل فراهم آمده مدافعه آغاز کردند و بعد از تنبیه و هزیمت ملتمس عفو و ملتزم اطاعت شده

---

۱ فترت .Sir W. O

CHAP. XLIII.

جلوس نادر شاه بسلطنت ایران   تزئین روضه رضویه و اجراي نهر جدید   بناي مقبره   محاربه [۱] با بختیاري و قتل ایشان   روانه شدن بقندهار محاصره قلعه قندهار   بناي نادر آباد

خان معظم بچول مغان از محال آذربایجان آمد و از جمیع بلاد ممالك ایران اعیان و کدخدایان و ریش سفیدان‌را طلب داشته باحضار [۲] ایشان محصّلان غلاظ گماشته بود همگي‌را در آن مکان حاضر ساختند روزي خان [۳] معظم مجلسي مشحون بسرداران [۴] سپاه و ایلچي روم که بالتماس صلح و مصادقت آمده بود آراسته یکدو کس از مشاهیررا ببهانه بقتل آورده [۵] اسباب و ادوات سیاست جلوه‌گر ساخت و در آن

[۱] Omitted in Sir W. O.'s.   [۲] Sir W. O. ایشان در

[۳] Omitted in Keene's.   [۴] Omitted in Keene's.

[۵] These two words are omitted in Keene's.

مجمع مهیب سخن در امر سلطنت آغاز نهاد و همه آن
خلایق را مخاطب ساخته سخنان سپاهیانه مذکور شد
و چون ممهّد بود جمعي از مخصوصان سخنهاي مخلصانه
چاکرانه بر زبان راندند و از مردم مشورت میخواست
که مناسب پادشاهي کیست و مصلحت حال در
چیست مردم دریافتند و بمقتضاي مقام زبان
برکشادند و ۱مچلکه متضمن اتفاق و اجماع خلایق نگاشته
حاضران بر آن مهر نهادند ۲و نام سلطنت از شاه
عباس ۳صغیر نیز منسوخ گشته خطبه پادشاهي خان معظم
اجرا یافته تسمیه بنادر شاه قرار یافت و این قضیه
در سال ثمان و اربعین و مایة بعد الالف بود و
عبارت الخیر فیما وقع را تاریخ یافته حسب الحکم تغیر
سکّه سابقه شده بر یک طرف نقود اسم بلد دار الضرب
و بر یک جانب آن بتاریخ الخیر فیما وقع منقوش
گردید شنیدم که یکي از ظرفاي موزونان ایران این
چنین مصرع رسانیده بود

---

۱ Keene مچلّه   ۲ For these two words Sir W. O. has زمام

۳ Omitted in Keene's.

بريديم از مال و از جان طمع
بتاريخ الخير فيما وقع

و شاه طهماسب شاهزاده عباس ميرزارا [1] نزد خود طلبداشته گاهي در مشهد طوس و بلدهٔ سبزوار و گاه در [2] مازندران بسر ميبرد و مستحفظان بحراست قيام داشتند و نادر شاه بتعمير و تزئين عمارات روضه منورهٔ رضويه علي ساكنها التحية پرداخته بعضي از ابنيه عاليه آن صحن مقدس را سراپا بخشتهاي طلا تزئين نمود و نهر آبي از کوه پايهاي آن ديار آورده بر نهر خيابان که از صحن آن روضه ميگذرد افزود و در آن شهر مقبرهٔ عاليه جهت خود عمارت نموده انجام داد بعد از اتمام بر ديوار آن بقعه اين بيت نوشته ديدند

در هيچ پرده نيست نباشد نواي تو
عالم پر است از تو و خاليست جاي تو

---

[1] Sir W. O. نيز   [2] Sir W. O. مازندران

و چندانکه تفحص کاتب نمودند معلوم نشد

پس بمملکت عراق نهضت کرد و جماعت بختیاري باز سر بطغیان و شورش بر آورده بودند بعد از محاربه سخت بر ایشان استیلا یافته بسیاري از آن قوم مقتول و بقیة از [۱]توانائي طغیان بیفتادند از آن حدود عزیمت قندهار [۲]نموده حسین برادر محمود قلزه را که ضابط قندهار بود از اراده خود آگاه ساخته براه مملکت کرمان بآن صوب در حرکت آمد و حسین مذکور سامان موفور و لشکر آراسته داشت چون نادر شاه بحدود سیستان [۳]رسید فوجي از افاغنه بفرمان حسین بعزم دست برد [۴]در رسیده مغلوب و منکوب منهزم [۵]شده بقندهار باز گشتند و چون بحوالي قلعه قندهار رسید باز [۶]لشکري آراسته از افاغنه برزم پیش آمدند و بعد از محاربه منهزم کشته بقلعه متحصن شدند و نادر شاه آن قلعه را که در رصانت و متانت شهره آفاق

---

۱ Sir W. O. ناتوانائي

۲ Sir W. O. نمود و

۳ Sir W. O. رسیده

۴ Omitted in Keene's.

۵ Omitted in Keene's.

۶ Keene لشکر

بود فرو گرفت و افاغنه در لوازم حزم و احتیاط و مدافعه و سرگذشتگي جهدي که در حوصله طاقت داشتند مبذول ساختند و سودي نکرد لشکر قزلباش توابع و لواحق آن شهررا متصرف شده هر جا افغاني بود طعمه شمشیر گشت

و نادر شاه در لشکر گاه خود حکم کرد که هر کس موافق حال خود منزلي عمارت کند و خود نیز به بر آوردن حصار و بروج و ساختن منازل و ابنیه عالیه اشارت نموده معماران و عمله که جمع کثیر همراه داشت باندك مدتي در انجام آن کوشیده در جنب قندهار شهري عظیم آراسته پدید آمد و بنادر آباد موسوم گشت

CHAP. XLIV.

ذکر سختي چند متعلق باحوال هندوستان

اکنون چند کلمه که متعلق بهندوستان است مرقوم میگردد

بر واقفان حقایق احوال و متتبعان اخبار و آثار پوشیده نیست که رهائي و ¹اخلاص بابر میرزا ابن میرزا عمر شیخ از خمول و سرکرداني و حیرت و پریشاني و عروجش برتبه فرمان فرمائي نبوده الا بوسیله تمسك و ²توسل باذیال دولت قاهره خاقان سلیمان شان ابو البقا شاه اسمعیل صفوي ³چه بر واقفان احوال اولاد و احفاد صاحبقران امیر تیمور کورکان مخفي نیست که ایشانرا با خود و خلایق را با ایشان چه سلوك بوده دقیقه از دقایق مخاصمه و مقاتله با یکدکر

---

¹ Keene خلاصي ² Sir W. O. توصل

³ Sir W. O. کـه

مهمل نگذاشته خودرا از قتل و ایذاي هم معاف نداشته اند و خلایق بطفیل تنازع و ظلم ایشان همواره در رنج و عنا و باصناف محن و بلایا مبتلا بوده وجود آن طبقه بر خاطرها گران و همتها مصروف بدفع ایشان و بقدر قدرت و وقت فرصت خلایق نیز ۱از قتل ایشان تقصیر نکرده اند و خوش معاشترین این سلسله مغفرت پناه سلطان حسین میرزاي ۲بابقر است که بعد از استقرار دولت نسبت بدیگران بغایت سنجیده و آرمیده بود تا آنکه بعد از رحلت آن مغفور و استیلاي شیبك خان اوزبك و اضمحلال اولاد آن پادشاه بقهر و غدر وي و ۳ارتفاع اعلام شوکت او کار بقیة منتسبان سلسله تیموریه از زبوني حال بجائي کشید که خلاصهٔ آن بر متتبعان اخبار مستور نیست بالجمله نیروي همت و پرتو التفات ۴خاقان مصطفوي نسب بیهمال که صیت سطوتش خافقین را مالامال داشت بابر میرزارا ۵به عرصه ظهور در آورده

---

۱ Omitted in Sir W. O.'s. ۲ Sir W. O. بایقر or بایقرا

۳ Sir W. O. اعتلاي ۴ Sir W. O. خان ۵ Keene در

پر و بال داد و مورد انواع عنایت و امداد کردید
و وي نیز مادام الحیوة چه در ایام دولت هندوستان
و چه قبل از آن شیوه اعتضاد و اظهار خلوص و
داد نسبت بآن دولت قاهره شعار ساخته کاهي
باجراي خطبه و سکه ۱چنانکه در سمرقند و کاهي
بارسال عرایض نیاز و التماس مطالب خاقان سلیمان
شانرا خوشنود میداشت و اولاد و احفادش را همیشه
شیوهٔ توسل و اعتضاد بدودمان علیه صفویه در هنکام
عجز و اضطرار و لحاظ اغراض معمول و مرکوز خاطر
بوده و در وقت سنوح قضایاي هایله در ایران با
زوال اغراض ایشان بسبب آسودکي و عدم منازع
قوي در کوشه مملکت هند آن شیوه را مبدل بآثار
نخوت و غرور موفور ساخته راه آشنائي مسدود
میداشته اند و این عادت در ۲طباع سلسله بابریه
استقرار یافته همانا رسوخ این شیوه از تاثیرات آب
و هواي هند است چه ظاهر است که خلق این

---

۱ These three words are not found in Sir W. O.'s.

۲ Sir W. O. طبایع

دیار با کسي بي غرض آشنا [1]نیند و از پاستان نامها هویدا است که قبل از اسلام نیز رایان و فرماندهان این دیاررا همین طبیعت بوده هر کاه ملوك عجم خود [2]یا یکي از [3]سپهبدان ایشان متعرض این صوب میشده اند هندیان [4]نیروي ظفر و تلاش در وسع خویش ندیده نهایت مسکنت و ربوني‌را کار فرما و بهر صورت مطیع و باج کذار بوده اند و چون باز کشت بایران زمین روي میداده باندك فاصله و فرصتي آن رایان تیره راي بملاحظه [5]ازدحام زاغ صفتان بي اعتبار و فراهم دیدن مشتي درم و دینار ببلاي غرور مبتلا شده در خانه خود [6]و عرصه خالي بنیاد لاف و کذاف نهاده احوال کذشته و عهد و میثاق‌را فراموش و تغیر سلوك مینموده اند

و همان معامله از آنها و این شیوه از ایشان بکرات کثیره تکرار یافته از آن جمله در عهد

---

۱ Sir W. O. نیستند ۲ Sir W. O. با ۳ Sir W. O. شهبدان

۴ Keene یزدي Sir W. O. نبردي ۵ Sir W. O. اژدهام

۶ Omitted in Sir W. O.'s.

منوچهر است که بفرموده ۱او سام بن ۲نریمان بهند آمده ۳کیسو راج را بایالت متمکن ساخت و آخر فیروز راي پسر کیسو ۴راي مخالفت و خود سري بنیاد کرده کیقباد رستم دستانرا بهند فرستاده ۵و فیروز بهزیمت رفته در جنکلهاي هند برد و رستم سورج را بایالت تعیین نموده باز کشت

و هم چنین در عهد سکندر و اردشیر بابك و کسري انوشیروان و غیر آن که مقام ذکر آنها نیست

و وجه عدم ضبط سلاطین عجم هندوستانرا بر ارباب بصیرت واضح است چه کسي را که مقري و مقام اقامتي چون ممالك ایران باشد که با لذات اعدل و اشرف و بالعرض احسن و اکمل معموره ربع ۶مکشوفست هرکز باختیار خویش اقامت در هندوستان نتواند نمود و طبیعت مجبول است که بغیر از

---

۱ Omitted in Sir W. O.'s. ۲ Keene زیمان

۳ Sir W. O. کیسوي را without راج ۴ Omitted in Keene's.

۵ Omitted in Keene's. ۶ Sir W. O. مسکونست

۱حال اضطرار راضي بتوقف در ین سر زمین نکردد و این معني مشترکست در پادشاه و رعیت و سپاه و چنین است حال هر که اورا حسّ صحیح بـوده در آب و هواي دیکر خاصه در ممالك ایران [۲]و روم تربیت یافته باشد مکر آنکه غافل و بیخبر باین دیـار در آید و قـدرت بـر بـاز کـشـت نیابد و بـا آنـکـه بسبـب مـوانـع و عـوارض ویـرا مجـال اقـامـت در جـائي نـهـانـده و سـالـف ایام خویش‌را بصعوبت و زبوني تمام کذرانیده در ین دیار بهال و جاهي بي اعتبار رسد و بغـایـت ضعیف الاحساس و سفله نهاد بوده دل [۳]بر آن بندد و بتدریج عـادت پذیر کشته انس و آرام کیرد

و در تـاریخ مجوس دیـده ام کـه ضحـاك چـون کرشاسب‌را سردار کرده بهند میفرستاد ویرا سـفـارش نـمـود کـه بـزودي آن [۴]ملك‌را مسخر ساخته بهاراج سپار و باز کرد چه اکر لشکر چـنـدي اقامت کند و

۱ Omitted in Keene's. ۲ Keene بـا

۳ Keene در ۴ Sir W. O. مملکت

در آن مرز و بوم بمعاشرت آن مردم گذراند دیگر
مرا بکار نیاید ناچار باید بآن ملك رها کرد یا بقتل
۱رسانید و هر دورا روا ندارم چه لشکر دست منست
نتوان برید

و استاد ۲اسدي طوسي در گرشاسب نامه نیز این
حکایت‌را بنظم آورده

مثنوي

وصیت چنین کرد گرشاسب را
که در هند بدرود کن ۳خسپ را
نداري ز خون سپاهان دریغ
۴همي کار ۵فرما درخشنده تیغ
بچستي ده انجام کار سترك
بر ایشان چنان زن که بر کله گرك
نماني در آن بوم سالي تمام
که لشکر گران گیرد از ننك و نام

---

۱ Keene for these two words has رسانیده ۲ Sir W. O. آسدي

۳ Keene خواب ۴ Keene همین ۵ Keene فرماي

کرت بگذرد چار موسم در آن
ز فرهنگ و مردي نیابي نشان

مجملاً حقیقت سلوك سلاطین صفویه با پادشاهان و شاهزادگان سلسله بابریّه بر عالمیان مستور نیست و هر گاه سلاطین این طبقه بر عادت خویش در غیر وقت ضرورت تغافل و تاخیر در رعایت حقوق و مراسم آشنائي نموده بیگانگي آغاز مي نهاده اند باز از آن جانب با فقدان جمیع اغراض و دواعي بمحض شیوه مردي و مردمي احیاي لوازم اشفاق و اعطاف معمول میگردیده و الحق یکي از خصایص سلسله علیّه صفویه جوانمردي و وفا و پاس مروّت و اوداد بوده و آنچه ایشان با متوسلان خویش از بیگانه و آشنا حتي دشمنان کینه‌ور در روز در ماندگي و التجا از احسان و امداد و انواع اعانت و یاري و دلجوئي و مهمان نوازي و غم خواري مقرون بکمال فروتني و رعایت آداب مسلوك داشته اند از

---

۱ Keene داد

نوادر و غرایب روزکار است و این شیوه‌را بر طاق بلند نهاده کسي‌را از سلف و خلف با ایشان دعوي همسري نیست

و سلطان مغفور شاه سلطان حسین نیز در مدت سي سال سلطنت خویش این طریقه‌را با سلسله بابریه مرعي داشته در ارسال سفرا بتهنیت و تعزیت تاخیري نرفت چون عهد سلطنت آن پادشاه خجسته اخلاق سپري شده نوبت سلطنت بشاه طهماسب رسید و آن همه آشوب در ممالك ایران شیوع یافت پادشاه هندرا بشیوه خویش هرکز رسم پرسشي بخاطر نکذشت بلکه با میر ویس افغان راه آشنائي و وداد مسلوك داشته و با حسین پسر ویس افغان مذکور نیز در اواخر که ضابط قندهار شده بود با آنکه بملتان لشکر کشیده در قتل و غارت و خرابي آن دیار تقصیري نکرده بار کشت ۱دو نوبت طریق مراسله مفتوح شد

---

۱ For these two words Sir W. O. has نوبتي

CHAP. XLV.

فرستـادن ايلچيان ¹متعاقب بهندوستان نگاهداشتن
محمد خان ايلچي در شاه جهان آباد فتح قلعه
قندهار و خراب ²شدن آن آمدن نـادر شـاه
بكابل ³كشته شدن ايلچي در جلال آباد آمدن
نادر شاه بجلال آباد و قتل عام آن بلده ⁴عايق
باز دارنده و مانع منتخب كشته شدن ابراهيم
خان در ⁵شيروان جنك ناصر خان و گرفتاري
وي ورود نـادر شاه به پيشاور عبور نمودن
از آب اتك

بهر حال شاه طهماسب بعد از فتح اصفهان و
استيصال افاغنه يكي از امرارا برسالت هندوستان
فرستاده وقايع آن ايامرا بمحمد شاه اعلام و در نامه

---

۱ Keene متعاقب هم ۲ Keene نمودن ۳ Keene كشتن alone.

۴ This head is not found in Keene's. ۵ Keene شيراز

اشعاري شده بود که چون مخاذیل افاغنه خاین این آستان و دزد این دیار اند و الحال بسزاي خود رسیده بقیة السیف در هزیمت و فرارند و از بیم لشکر ظفر اثر ایشان را کریزکاهي سواي هندوستان نیست باید که آن مدبران را راه و جاي نداده نکذارند که بآن حدود در آیند بالجمله محمد شاه پس از چندي نامهٔ متضمن سخنان بیفروغ نوشته ایلچي را متصرف ساخت

و بعد از جلوس شاهزاده عباس میرزا بجائي پدر والا کهر باز یکي از امرا بسفارت هند تعیین شده ا همین سخنان در نامه او نیز مندرج بود پس از مدتي ویرا نیز رخصت انصراف داده همان قسم کلمات که نفس الامریتي نداشت نکاشته بودند

و بعد از چندي نادر شاه یکي از معتبرین قزلباش را نزد برهان الملك که اعظم امراي هند بود فرستاده بمحمد شاه ۲و او هر دو نامه نکاشته بود فرستاده مذکوررا بعد از ورود بحدود این مملکت دزدان

---

۱ Keene هم چنین

۲ Sir W. O. داد و

غارت کرده بهزار التماس نامه از ایشان بستد و بمشقت تمام خودرا رسانیده اداي سفارت نمود امّا خود قدرت مراجعت نیافته هنوز در این دیار است

و چون نادر شاه بقندهار رسیده آن قلعه‌را فرو کرفت محمد خان ترکمان‌را که از امراي صفویه بود باز بسفارت فرستاده سخنان کذشته‌را اعاده و کله از هنجار سابق نمود چون بشاه جهان آباد رسیده نامه [1]برسانید ویرا [2]توقیف فرموده از جواب ساکت شدند و چندانکه او اظهار رخصت میکرد سود نداشت کاهي در اصل نوشتن جواب تردد خاطر داشتند و کاهي در این که اکر نوشته شود نادر شاه‌را بچه القاب باید نوشت متحیر و سرکردان بودند حقیقت اینکه [3]توقیف محمد خان ایلچي را از تدابیر ملکیه شمرده توقع آن داشتند که شاید حسین افغان با متحصنان قندهار بر نادر شاه ظفر یافته ویرا ناچیز یا

---

[1] رسانیده Sir W. O. [2] توقف Sir W. O.

[3] توقف Sir W. O.

منهزم و آواره ۱ساخته جواب نامه نوشتن حاجت نماند
چون محاصره قندهار بطول ۲کشيده مراجعت محمد
خان نيز بتعويق افتاد نادر شاه فرماني بوي نوشته
مصحوب چند نفر سواران سريع السير فرستاده از وي
سوال حقيقت حال و سعي در حصول جواب و امر
بتعجيل ۳عود نمود و چون جواب صادر نمي شد و
رخصت نمي يافت اثري بر آن مرتّب نگشت

بالجمله چون محاصره قندهار قريب ۴بيك سال شد
و شهر نادر آباد در جنب آن اتمام يافت نادر شاه
بفرمود تا لشكر قزلباش بر آن حصار هجوم آورده بر
بروج صعود ۵نمودند و افاغنه بي دست و پا شده آن
حصن استوار مفتوح ۶گشت و آن قوم مقتول گشته
حسين مذكور مقيد بمازندران فرستاده شد

و در عرض چند سال از آن زمان باز كه افاغنه در
شيراز منهزم شدند همواره از هر طرف جمعي از آن

---

۱ Sir W. O. سارد و
۲ Keene و
۳ Omitted in Sir W. O.'s.
۴ Keene يك
۵ Keene نمايند
۶ These five words are omitted in Keene's.

قوم پراكنده بهندوستان در آمده در هر جا سكني و
۱در اكثر سركارات ملازم شده داخل سپاه كشنند و
الحق تكليف مهانعي كه بعهد شاه مي نمودند بيرون
از حوصله وسع و ضبط وي بود

و نادر شاه بتخريب قلعه قندهار فرمان داده مردم
بازار و سكنه آنرا بنادر آباد سكني فرمود و بصوب
غزنين و كابل ۲در حركت آمده كوتوال قلعه كابل‌را
پيغام داد كه مارا بمملكت محمد شاه كاري نيست
امّا اين حدود چون معدن افغان است و معدودي
كريختگان نيز ۳بايشان پيوسته اند غرض استيصال اين
قوم است هراس بخويش راه نداده در مراسم
مهمانداري كوشد

و خود بكنار شهر كابل نزول نمود كوتوال و كابليان
مستعد جنك و جدال شدند و نصيحت و پيغام
ايشان‌را سود نكرد فوجي از قزلباش بقتل ايشان و
تخريب قلعه مامور كشتند و بمجرد حمله و بنياد تخريب

---

۱ Keene اكثر در

۲ Keene به

۳ Keene با ايشان

۱برجي فریاد بر آوردند محصوران امان یافته قلعه را خالي نموده برعیتي پرداختند و در آن حدود هر جا افاغنه فراهم آمده بودند لشکر بر سر ایشان رفته قتل مي ۲نمود

و نادر شاه از ۳توقیف محمّد خان بغایت آزرده شده چند کس از معتبرین کابل‌را زباني پیغامها داده بشاهجهان‌آباد روانه ساخت که بپادشاه و امرا برسانند و خود در کابل توقف داشت فرستادهگان بلاهور آمده بشاهجهان‌آباد رفتند و کسي ۴سخني از ایشان نشنید و اگر شنید نفهمید باز از کابل یکي از لشکریان‌را ده سوار همراه نموده بسفارت فرستاد چون بجلال‌آباد رسیده در خانه فرود آمدند جمعي از تبه‌کاران آنجا بر گرد آن خانه هجوم نموده اوّل سلاح ایشان‌را در ربودند و آخر ۵ده کس از ایشان‌را کشته یکي فرار بکابل نموده صورت واقعه باز نمود

۱ Omitted in Sir W. O.'s. ۲ Keene نمودند

۳ Sir W. O. توقف ۴ Keene سخن ۵ Sir W. O. دو

و مدّت اقامت نادر شاه در کابل تخمیناً بهفت ماه رسیده و افاغنه آن حدودرا قهر و قتل نموده بود از استماع خبر کشته شدن آن ده نفر بیقرار شده بصوب جلال آباد نهضت کرد و آن شهررا [۱]قتل عام فرموده خلقي انبوه [۲]ناچیز شدند و از غرایب این که براي رئیس قاتلان آن ده نفر خلعتي از سرکار محمّد شاه معیّن شده بود که ارسال کردد و قتل عام جلال آباد عایق آن شد

و از آن روز که خبر ورود نادر شاه بکابل در هند شیوع یافته بود خان دوران امیر [۳]الامرا و نظام الملك بمحاربه وي معیّن شده در شاهجهان آباد اقامت داشتند و آوازه توجه خودرا عمّا قریب بصوب کابل منتشر مي ساختند و این نیز بزعم ایشان از تدبیرات ملکیه بود

و از سوانح ایران که در جلال آباد مسموع نادر شاه شد مقتول شدن برادرش ابراهیم خان بود که

---

۱ Sir W. O. قتل و ۲ Sir W. O. باخیر

۳ Sir W. O. الامراي

وي‌را امیر الامراي آذربایجان نموده در دار السلطنت تبریز اقامت داشت چون سفر قندهار و کابل دراز کشید جماعت لزکي مستعد شده بمملکت شیروان که قریب [1]ابایشان است لشکر کشیدند ابراهیم خان مذکور بآن مملکت در آمده با آن قوم مصاف داد و بقتل رسید نادر شاه چنان التفاتي باین قضیه ننموده فوجي از سپاه‌را رخصت نموده بحدود شیروان فرستاد و خود بصوب پیشاور در حرکت آمد

ناصر خان حاکم صوبه کابل که در پیشاور [2]مي بود با فوجي که داشت بر سر راه رفته جمعي از افاغنه آن حدودرا نیز فراهم آورده کریوهاي صعب و واديهاي تنک‌را باعتقاد خویش محکم و مسدود ساخته بود نادر شاه بوي پیغام کرد که من در فلان روز خواهم رسید بهتر آنکه از سر راه بر خیزي سخن در نکرفت [3]و روز موعود نادر شاه برسید و خلقي انبوه

---

۱ Keene ایشان

۲ Omitted in Keene's.

۳ Keene در

از افاغنه و فوج ناصر خان بوادي هلاك رفتنـد و خان مذبور زنده كرفتار شده بعد ار چند روز اعزاز يافت و نـادر شـاه ببلده پيشاور نزول نموده از آب اتك[1] بكشتي عبور كرد

---

[1] اثك Sir W. O.

CHAP. XLVI.

بقية احوال راقم حركت راقم از لاهور ورود بسرهند آمدن نادر شاه بلاهور [۱]مغلوب شدن حاكم لاهور نهضت نادر شاه بصوب دهلي روانه شدن راقم از سرهند و رسيدن بدهلي

در مملكت پنجاب خاصه شهر لاهور فزع قيامت بر خاست و من در آن شهر به بيماري صعب كرفتار شده [۲]بر بستر افتاده بودم و چون خلق هندوستانرا نيكو شناخته از اوضاع ايشان ملول و از ادراك و تميز ايشان ياس تمام داشتم بر حال [۳]عجز و زيردستان [۴]دل بسوخت و در ظرف آن مدت قدرت روانه شدن بصوب خراسان نيافته بودم و چون بيقين ميدانستم كه اوضاع مقتضي ورود نادر شاه بهندوستانست

---

۱ Keene منكوب ۲ Sir W. O. بـه

۳ Keene عجزه ۴ Omitted in Keene's.

و بصوبه كابل در آمده بود و حركت من اكر ميسر
آمدي ناچار بهمان راه بودي و طبيعت و بينش
اهل اين ديار مقتضي آنكه لا [۱]محالة رفتن مرا محرك
آمدن او دانند و اين معني نيز [۲]مكروه خاطر و عايقي
شده بود و قطع نظر از موانع بسبب شورش عبور از
آن [۳]طرف تعسير تمام داشت لهذا تا آن زمان در
لاهور مانده بودم در آن وقت كه آشوبي چنان
افتاد و در صورت احوال آن مردم اميد [۴]بهبود نبود
و در [۵]خود طاقت ملاحظه اوضاع حال و مال ايشان
نيافتم و بسبب اختلال احوال حالت معاشرت با
لشكر قزلباش نيز [۶]نبود ناچار با ضعف و نقاهتي تمام از
لاهور بصوب سلطان پور حركت نموده آن مملكت
بهم بر آمده بود و هر كس دست بغارت و يغما بر
آورده چندين هزار قطاع الطريق شوارع را فرو كرفته
چند روز در قراي آن محال توقف روي داد پس

---

۱ Sir W. O. محال
۲ Sir W. O. نكرده
۳ Sir W. O. طرق
۴ Sir W. O. فلاحي
۵ Sir W. O. خور و
۶ Sir W. O. نداشتم

بسرهند در آمدم و تمام آن ایام چه در راه و چه در منازل ¹بجنگ و جدال و مدافعة بگذشت

و نادر شاه بکنار لاهور رسید ذکریا ²خان حاکم لاهور با چهارده پانزده هزار ³سوار سپاه و استعداد خود بر لب آبي که متصل ⁴بشهر میگذرد اطراف خود مضبوط ساخته صف آرا ⁵گشته بود و کیفیت صلح و جنگ هند هر دو ⁶نیز از غرایب است القصه نادر شاه با فوجي از لشکر اسپ در آب رانده بگذشت و چند سوار قزلباش بر سپاه لاهور تاخته شجاعان و بهادران ایشان که در سواري ماهرتر بودند بگریختند و باقي بهم بر آمده متلاشي و متحیر شدند آخر حاکم با منسوبان بقلعه در آمد و نادر شاه با سپاه متصل بشهر نزول کرد حاکم لاهور عریضه نیاز و اعتذار فرستاده التماس امان کرد و بحضور نادر شاه آمده عزّت و خلعت یافت ⁷و بدستور سابق بر قرار ماند

---

۱ Keene بمدافعة only. ۲ Omitted in Keene's. ۳ Omitted in Keene's.

۴ Keene شهر ۵ Sir W. O. for these two words has کشت

۶ Omitted in Keene's. ۷ This clause is not found in Sir W. O.'s.

و نادر شاه جمعي را[1] در قلعه لاهور گذاشته بصوب شاهجهان آباد در حرکت آمد و محمد شاه با اجمیع امرا و لشکر چند گاه بـود که از شهر بر آمده بتاپي تمام مي آمد

من از سرهند که بغایت خراب و محصور لشکر دزدان بود با جمعي پیادگان تفنگچي که فراهم آورده با خود داشتم بجانب دهلي [2]روانه شدم و از میان لشکر محمد شاه که قریب بدو ماه بود چهار [3]منزل راه طي نموده [4]باردحام تمام بودند عبور نموده بشهر در آمدم و بعد از [5]ایام چند از آن شهر شوریده اوضاع [6]با دو سه خدمتکاران گوشه گرفتم

---

۱ Keene جمعي
۲ Sir W. O. روان
۳ Sir W. O. منزلي
۴ Sir W. O. باژدهامي
۵ Sir W. O. ایامي
۶ These four words are omitted in Keene's.

CHAP. XLVII.

رسيدن نادر شاه در موضع کرنال و مصاف دادن ۱ با
محمد شاه و غالب شدن نزول نادر شاه بقلعه
شاهجهان آباد ۲طغيان سكنه دهلي قتل عام
دهلي گرفتن نادر شاه سند و کابل‌را بتصرف
خود تعيين نمودن محمد شاه بپادشاهي هند
و تاهل پسر نادر شاه

و نادر شاه دو سه نوبت نيز از لاهور تا رسيدن بلشکر هندوستان پيغام روانه ساختن محمد خان ايلچي خود بمحمد شاه نمود و ايلچي مذکوررا همراه داشتند و رخصت نمي نمودند و در آن وقت معلوم نميشد که غرض از نگاهداشتن او چيست تا آنکه نادر شاه رسيده در موضع کرنال که چهار منزلي شاهجهان آباد است تلاقي دست داده جنگ در پيوست

۱ Omitted in Sir W. O.'s. ۲ This head is omitted in Keene's.

هندیان توپخانه بر گرد خویش چیده محصور بودند و فوجي از قزلباش نیز بر اطراف ایشان تاختن آورده راه آمد [۱]و شد بر ایشان مسدود و قحط و غلا در آن لشکر افتاده حالتي که در عالم غرور کمان نکرده بودند روي نمود و نادر شاه [۲]لشکر بدو قسمت کرده [۳]بعضي‌را در مضرب خیام خود گذاشت و با فوجي بر سر ایشان [۴]رانده برهان الملک زنده دستگیر شده خان دوران امیر الامرا و مظفر خان برادر وي و جمعي از امراي نامي با لشکر انبوه بقتل رسیده شب بمیان آمد و محمد شاه و بقیة السیف که هنوز خلقي بیشمار بودند چون سواران قزلباش‌را منتشر یافته هراس داشتند طاقت و مجال قرار در خود ندیده بر جاي نماندند و هر کس فرار کرد اگر بدست قزلباش نیفتاد رعایاي آن حدود وي‌را زنده نمیگذاشتند و آنرا که از خویش میگذشتند عریان ساخته سر میدادند

---

۱ For these two words Sir W. O. has رفت ۲ Omitted in Keene's.

۳ Keene بعض ۴ Sir W. O. راند

شعر عربي

إِذَا كَانَ ٱلْغُرَابُ دَلِيلَ قَوْمٍ
فَنَادُوسُ ٱلْمَجُوسِ لَهَا مَقِيلٌ

القصه نظام الملك و محمّد شاه با [١]بعضي مقربان بتوسل و اعتذار بمعسكر نادر شاه رفته امان يافتند و نادر شاه محمّد شاه را تسلي نموده نويد عدم تعرض بجان و ملك و ناموس داد

القصه نادر شاه با هر دو لشكر بشهر در آمده در قلعه شاهجهان آباد نزول نموده و محمّد شاه نيز با وي در قلعه بود و امرا و لشكريان هند بوضع معمول سابق در مساكن خود قرار گرفتند و اين بتاريخ نهم [٢]ذي حجّة الحرام [٣]احد و خمسين و مايه بعد الالف بود و چون هنكام عصر روز يازدهم شهر مذكور شد هنديان آوازه در افكندند كه نادر شاه در كذشت بعضي ميكفتند [٤]كه وفات يافته و برخي را سخن اين

---

١ Keene بعض

٢ Sir W. O. ذالحجه

٣ Sir W. O. آحدي

٤ Omitted in Keene's.

كـه بغدر و تمهيد محمد شاه هلاك كرديده علـي اي حال در يك ساعت موت او شهرت كرفت و وي صحيح و سالم با ۱اجميع كثير در قلعه نشسته بود و ابواب آن شب و روز مفتوح و بفصل مهمات مشغول و برخي از سپاهش در حول قلعه و خانهاي شهر ساكن و ۲بعضي بر كنار ۳رودي كـه متصل بشهر است فرود آمده بودند مجملاً بمجرد اين شهرت كاذبه در هر كوچه و كنار فوج فوج احمقان كهفرصت با اسلحه و يراق ۴ازدحام و شورش افكنده بقتل و تاراج قزلباش همت كماشتند و اين هنكامه تمامي شهررا فرو كرفت قزلباشيه كه فهم زبان هنديان نمي كردند و خبر از جائي نداشتند متفرق يكدو در هر كوچه و بازار در كذر بودند هنديان غافل بايشان رسيده ميكشتند و با آنكه شب در رسيد شورش انكيزان بد مآل اصلاً آرام نكرفتند و آن هنكامه در افزايش بود و چون مكرر حقيقت حال بعرض نادر شاه

---

۱ Sir W. O. جمع — ۲ Keene بعض

۳ Sir W. O. رودخانه — ۴ Sir W. O. اژدهام

رسید سپاه‌را امر نمود که هر کس در جا و مقام خود آرام [1]گرفته بانتقام نپردازند و اگر هندیان بر سر ایشان هجوم آوردند مدافعه [2]نمایند و در آن شب هیچ کس از امراي هند که واقف کار بودند اصلاً متعرض تسکین نایرهٔ آن فتنه و غوغا نگشت بلکه چند نفري که حسب [3]الاستدعا از نادر شاه گرفته براي اطمینان و محافظت خود بخانه برده بودند در منازل ایشان مقتول شدند و با آنکه در جنگ کرنال قریب [4]به بیست کس از قزلباش اندك بزخم [5]تیر مجروح و زیاده بر سه کس مقتول نشده بود در این هنگامه قریب بهفتصد کس از آن طبقه بقتل رسید

بالجمله چون روز شد همان آشوب در اشتداد بود نادر شاه [6]صبح از قلعه سوار شده بقتل عام فرمان داد و فوجي از سوار و پیاده بآن کار مامور گشته

---

۱ Keene نموده ۲ Sir W. O. ننمایند

۳ Sir W. O. الاستدعاي ۴ Omitted in Keene's.

۵ Sir W. O. نیز ۶ Omitted in Sir W. O.'s.

2 N

بایشان کفت که تا جائي که ایکي از قزلباش کشته شده باشد احدي‌را زنده نکذارند لشکر قزلباش بنیاد قتل و غارت کرده بمنازل و مساکن آن شهر در آمدند و قتلي بافراط کرده اموال بیغما و عیال باسیري بردند و بسیاري از آن شهر خراب و سوخته شد چون ۲نصفي روز بکذشت و تعداد کشتکان از حساب در کذشت نادر شاه نداي امان بقیة السیف در داده لشکریان دست کوتاه کردند و پس از چند روز که شوارع و مساکن پر از اجساد مقتولین بود و هواي عفونت یافته عبور نیز دشواري داشت حکم به ۳تنظیف آن شد کوتوال شهر در هر کذر آنهارا جمع آورده با خس و خاشاکي که از ۴عمارات فرو ریخته بود بي آنکه تمیز مسلم و کافر شود همه‌را بسوخت

و نادر شاه ذخایر پادشاهي‌را بتصرف آورده از مردم نیز زرها حاصل شد و چون بسبب دواعي

---

۱ Sir W. O. احدي
۲ Keene نصف
۳ Sir W. O. تنصیف
۴ Both Mss. عمارت

شتاب در معاودت داشت تمامي ملك سند و صوبه کابل‌را با بعض محال پنجاب که به تنخواه صوبه کابل است از مملکت هندوستان و تصرف محمد شاه وضع نموده ملحق بممالك ايران ساخت و محمد شاه و امراي هندرا طلبيده مجلسي بياراست و محمد شاه‌را جيغه داده امرارا خلعت بخشيد و نصايح نموده بسلطنت بگذاشت

و دختري از احفاد اورنك زيب ۱پادشاه‌را بحباله نكاح پسر كوچك خود نصر الله ميرزا كه همراه داشت در آورده بتاريخ هفتم صفر اثنا و خمسين و ماية بعد الالف از شاهجهان آباد طبل مراجعت كوفته باز كشت

---

۱ Sir W. O. نادر شاه‌را

CHAP. XLVIII.

مقتول شدن پادشاه مرحوم شاه طهماسب مدت سلطنت سلاطين صفويه ۱موسويه انار الله برهانهم تتمه احوال راقم

و از سوانحي كه در همين روز در ايران روي داده مقتول شدن شاه طهماسب صفوي در بلدهٔ سبزوار است

چون نادر شاه پسر بزرگ خود رضا قلي ميرزارا در ايران نايب كذاشته بهند آمده بود روزي كه عوام شاهجهان آباد بدروغ مرك وي را شهرت داده بنياد شورش كردند همان روز اين خبر باطراف انتشار يافته بايران سرايت كرد و هنوز كذب آن معلوم نشده بود رضا قلي ميرزا كه در مشهد مقدس اقامت داشت بفكر كار خود افتاده حيات آن

---

1 Omitted in Keene's.

پادشاه نو جوان‌را با اینکه هرگز در عرض آن مدت بر سر داعیه سلطنت نیامده بود و پاسبانان بحراستش قیام داشتند منافي انتظام کار خویش دانسته اشارت بقتل وي نمود و اورا از ابا در آورده بمشهد مقدس ۲آورده مدفون ساختند و پسرانش عباس میرزا و سلیمان میرزا که هر دو صغیر بودند نیز وداع دیر فاني نموده اولاد از وي نماند

شعر

نعد المشرفية والعوالي
وتقتلنا المنون بلا قتال
ونرتبط السوابق مقربات
ولا ينجين من ۳خبث الليالي

و قال ابو الدرّ جمال الدین یاقوت الخطاط و لقد احسن و اجاد

---

۱ Sir W. O. پاي ۲ Omitted in Sir W. O.'s.

۳ Keene خبب Sir W. O. جبت

وَاِخْوَانًا حَسِبْتُهُمْ دُرُوعًا
فَكَانُوهَا وَلٰكِنْ لِلْاَعَادِي
وَخِلْتُهُمْ سِهَامًا صَايِبَاتٍ
فَكَانُوهَا وَلٰكِنْ فِي فُؤَادِي
وَقَالُوا قَدْ صَفَتْ مِنَّا قُلُوبٌ
لَقَدْ صَدَقُوا وَلٰكِنْ عَنْ وِدَادِي

و از نوادر اتفاقات اینکه مرا در حالتي که اصلاً فکر و خیال متذکر و متوجه این حادثات و واقعات نبود ناکهان کویا بکوش دل کفتند که مدّت دولت سلاطین صفویه لفظ صفویون است چون ملاحظه نمودم دیدم که مطابق [۲]بود چه خروج خاقان سلیمان شان شاه اسمعیل از دار السلطنة لاهجان اکرچه در اربع و تسعمایة است امّا جلوسش بر سریر سلطنت در دار السلطنة تبریز بتاریخ سبع و تسعمایة روي داده و خلع عباس میرزا از نام سلطنت و جلوس نادر شاه چنانکه نکاشته شد در ثمان و اربعین و مایة بعد

---

۱ Sir W. O. واخوان ۲ Keene نمود

الالف واقع شد پس مدت سلطنت [1] اين سلسله عليه دويست و چهل و دو سال تمام خواهد بود كه با عدد صفويون مطابق است

مجملاً چون شمه از اين واقعات بالعرض بقلم آمد و خامه را ديكر سر التفات بذكر بقية [2] اين حالات نيست اكنون چند كلمه از خاتمه احوال خويش نكاشته [3] اقتصار مينمايد خَتَمَ ٱللّٰهُ بِالْحُسْنَي وَجَعَلَ مُنْقَلِبِي فِي ٱلْآخِرَةِ خَيْرًا مِنَ ٱلْاولي

مجملاً از حين ورود بشاه جهان آباد تا حال تحرير كه آخر سال اربع و خمسين وماية بعد الالف است سه سال و كسري كذشته كه در اين بلده اوقات بسر رفته و پيوسته در خيال حركت و نجات از اين كشور كه بغايت [4] مسافر افتاده بوده ام و از كثرت موانع عايقه ميسر نيامده از راه [5] ناهموار زندكي پنجاه و سه مرحله بقدم استوار صبر و شكيب پيموده ام و كالبد عنصري از هجوم الام و اسقام در هم شكسته و

---

۱ Sir W. O. آن ۲ Omitted in Keene's ۳ Sir W. O. اختصار

۴ Keene منافر ۵ Sir W. O. ناهمواري

قواي نفساني افسرده و عاطل سر در جيب خمول كشيده اند اكنون عاجز و ناتوان كوش بر نداي رحيل نشسته ام رَبِّ إِنْ تُعَذِّبْنِي فَأَنَا مِنْ عِبَادِكَ[١] وَإِنْ تَغْفِرْ لِي فَإِنَّكَ أَنْتَ ٱلْغَفُورُ ٱلرَّحِيمُ

فطرت و جبلّت را با بيكانه كشور كون و فساد آشنائي و مايه انستي نبود و چون نه [٢]در آمدن اختياري بود و نه در رفتن چندي [٣]بخونين جكري ساختم

بر خيز حزين از سر دنيا بر خيز
زين كهنه دمن تو اي مسيحا بر خيز
تنها تو در اين انجمني بيكانه
بر خيز از ين ميانه تنها بر خيز

نَسْأَلُ ٱللّٰهَ ٱلْغُفْرَانَ وَأَنْ يُبْدِلَ بِالْفَرَحِ ٱلْإِحْزَانَ
أَنَّهُ جَوَادٌ كَرِيمٌ

تَمَّ

---

١ Keene جبل ٢ Omitted in Sir W. O.'s. ٣ Keene بخونبن

۱ الله الحمد والمنّة که این نسخه جامع فنون محبوبي و این مجموع شرایف حسن و خوبي که بتذکره مولاناي شیخ محمّد علي حزین رحمة اللّه علیه موسوم است بتاریخ بیست و سیوم شهر صفر المظفر صورت انصرام و اختتام پذیرفت سنة ۱۱۹۷ هجري المقدس نبوي صلّي اللّه علیه و سلّم کاتب الحروف میر نعمت علي

نوشته بماند سیه بر سفید
نویسنده را نیست فردا امید

و این نسخه بتدبیر و تحت العین مراتب علم کرفته داربن اوکسفورد و اَنّر تمپل فرانسیس کِنّنکهم بالفور انکلیسي مطبوع و با انتخاب و تحشیة القراءتین بید المذکور مصنف و مزین کردیده است

تمام

---

1 This Epigraphe is subjoined by the copyist of Sir W. Ouseley's MS.